Jule Sommersberg

Adam, Eva und ein Boot voller Tiere

Mit Bildern von

Heribert Schulmeyer

GABRIEL

Adam und Eva

Johannas Mutter streckte und reckte sich. Ächzend stand sie auf und stemmte die Hände in den Rücken. Sie sah Johanna und Matti zu, die in der Sandkiste saßen und eine große Burg bauten. Normalerweise stritten Johanna und ihr kleiner Bruder von früh bis spät, aber heute verstanden sie sich einfach prächtig. Johanna hatte sich sogar bereit erklärt Matti bei seiner Burg zu helfen, damit ihre Mutter sich auf einer Bank, die am Spielplatzrand stand, ein wenig ausruhen konnte. Und wie gern hätte Frau Blume den friedlichen Nachmittag genossen.

Die erste Frühlingssonne schien, in den Beeten neben dem Spielplatz blühten die Osterglocken, es sah ganz nach einem schönen Vorfrühlingsnachmittag aus. Wenn da nicht das Baby in ihrem Bauch gewesen wäre, das um sich trat und

strampelte, um ihr zu zeigen, dass es nicht mehr genug Platz hatte und bald herauswollte.

»Was hast du denn?«, wollte Johanna wissen und sah ihre Mutter an. Und auch Matti sah auf. Mamas Geräusche klangen interessant.

»Rückenschmerzen«, antwortete Frau Blume seufzend und verzog das Gesicht.

»Weil das Baby in deinem Bauch dich tritt?« Johanna ließ die Schippe im Sandkasten liegen und setzte sich mit ihrer Mutter auf die Bank. Sie war immerhin zehn Jahre alt und niemand konnte verlangen, dass sie den ganzen Nachmittag im Sand saß und buddelte! Matti konnte allein ein bisschen weiterbuddeln.

»Wahrscheinlich«, gab die Mutter zurück.

»Und warum tut es weh«, wollte Johanna wissen, »wenn man ein Baby im Bauch hat?«

»Wegen Eva«, behauptete ihre Mutter und machte ein grimmiges Gesicht. Johanna war froh, dass diese Eva nicht in der Nähe war.

»Welche Eva denn?«, fragte sie.

»Du kennst doch die Geschichte von Eva und dem Apfel, oder?«, fragte die Mutter.

Johanna schüttelte den Kopf. »Ich glaube nicht. Vielleicht erzählst du mir die Geschichte, dann musst du nicht so viel an deinen Rücken denken«, schlug sie vor. Wenn man eine Mutter hatte, die Religionslehrerin war und von Berufs wegen immer alles besser wusste, dann war das gelegentlich sehr lästig. Andererseits kannte Johannas Mutter immer eine passende Geschichte, und das war schön.

»Du hast Recht.« Ihre Mutter verzog noch einmal das Gesicht, dann setzte sie sich bequemer zurecht und begann zu erzählen. »Pass auf. Vor langer, langer Zeit gab es noch überhaupt nichts auf der Erde, keine Bäume, keine Blumen, nichts. Und weil Gott das ziemlich langweilig fand, beschloss er, einen Menschen zu machen. Er nahm also Erde und machte daraus einen Menschen.«

»Wie aus Knete?«

Als ihre Mutter nickte, schüttelte Johanna den Kopf. »Menschen knetet man doch nicht. Die sind doch im Bauch und werden geboren!« Johanna stupste vorsichtig den dicken Bauch ihrer Mutter an.

»Das ist doch eine Geschichte«, erklärte ihre Mutter. »Und weil es in der Geschichte darum geht, vom allerersten Menschen zu erzählen, kann der natürlich nicht auf normalem Wege auf die Welt gekommen sein, sonst wäre er ja nicht der erste Mensch, oder?«

Johanna überlegte kurz und nickte dann. »Sonst wären seine Eltern vor ihm da gewesen.«

»Richtig. – Also, Gott hatte diesen Menschen geknetet, aus Staub und Wasser, heißt es, oder aus Erde, und für diesen ersten Menschen pflanzte Gott einen wunderschönen Garten an mit Büschen, Wiesen und Apfelbäumen und Feigenbäumen und mit Efeu. Und diesen Garten nannte er Eden.«

Johanna interessierte sich nicht für Efeu, aber sie wollte gern wissen, ob es in diesem schönen Garten denn auch ihre Lieblingsblumen gegeben habe.

Frau Blume nickte. »Ja, auch Sonnenblumen. – Gott nannte seinen Menschen Adam, denn schließlich brauchte der Mensch ja einen Namen, und Adam bedeutet ›Mensch‹ auf Hebräisch. Und er sagte: ›Adam, den Garten Eden schenke ich dir. Hier gibt es einfach alles, was du dir wünschen kannst. Frisches Wasser, Obst, Gemüse, niedliche kleine Tiere, eigentlich kannst du nicht meckern. Nur diesen Baum hier, den schenke ich dir nicht. Der gehört mir, und das soll so bleiben, lass also deine Finger davon.‹ – ›Gut‹, sagte Adam, was sollte er auch mit diesem einen Baum, wenn er ein ganzes Paradies voll davon hatte.«

»Warum sollte er den Baum denn nicht anfassen?« Johanna erschien das unlogisch. Beinahe so, als würde ihr jemand ein riesiges Zimmer mit Spielsachen schenken und ihr verbieten das hübsche Puppenhaus in der Mitte zu benutzen.

»Er wollte wohl sehen, ob Adam ihm gehorchte«, überlegte ihre Mutter. »Und vielleicht wollte er Adam zeigen, dass Menschen nicht alles wissen müssen, jedenfalls nicht so viel wie Gott. Immerhin ging es hier ja nicht um irgendeinen Obstbaum, sondern um den Baum der Erkenntnis, der jeden klug machte, der seine Äpfel aß. – Dieser Mensch, Adam, saß also alleine in diesem riesigen Paradies. Er ging spazieren, pflückte sich hier und da mal einen Apfel, streichelte die Ponys und versuchte nicht an den verbotenen Baum zu denken. – ›Ich würde bestimmt weniger an diesen blöden Baum denken müssen, wenn ich nicht so alleine wäre. Gott kommt ja nur alle Jubeljahre mal vorbei und in der Zwischenzeit sterbe ich hier fast vor Langeweile. Ich wollte wirklich, ich wäre nicht so alleine …‹, jammerte Adam vor sich hin.«

»Warum hatte Gott denn nicht gleich noch ein paar Menschen gebastelt? Das wäre doch viel lustiger gewesen!«

»Daran hatte er wohl nicht gedacht. Aber, wie es der Zufall so wollte, stand Gott gerade in der Nähe und hörte Adam zu. Es war ihm einfach noch nicht eingefallen, dass Adam sich einsam fühlen könnte, und deshalb beschloss er jetzt, Adam in einen tiefen, tiefen Schlaf fallen zu lassen …«

»Wie Dornröschen.«

»Nicht ganz, denn während Adam schlief, bastelte Gott aus einer seiner Rippen eine Frau.«

»Aus seiner Rippe?« Johanna riss ungläubig die Augen auf.

»Auch nicht merkwürdiger als ein Mensch aus Erde«, stellte ihre Mutter fest. »Außerdem hat er wohl etwas gesucht, was dicht bei Adams Herzen lag, denn Adam sollte seine Frau ja mögen. Und er musste etwas nehmen, wovon Adam mehr als genug hatte. Und auf eine seiner vielen Rippen, dachte Gott, konnte Adam ganz gut verzichten.«

Inzwischen hatte auch Matti beschlossen, die Sandburg sei schön und stattlich genug, und war neben seine Mutter auf die Bank geklettert.

»Ich hab Durst«, verkündete er und begann die große Spielplatztasche seiner Mutter zu durchstöbern. Frau Blume zog aus einem Seitenfach der Tasche seine Trinkflasche hervor, nahm ihren zufriedenen Sohn auf den Schoß und erzählte weiter.

»Als Adam schließlich wieder aufwachte, saß Gott neben ihm und unterhielt sich mit einer wunderschönen Frau, die genauso nackig war wie Adam. – ›Ach, Adam, darf ich vorstellen, das ist Eva‹, sagte Gott, als er sah, dass Adam seine Augen aufgeschlagen hatte. – ›Guten Tag‹, sagte Adam und lächelte. – ›Guten Tag‹, sagte Eva und gab ihm die Hand.«

»Warte mal, wieso war die Frau denn nackig?«, wollte Johanna wissen.

»Weil sie nichts anzuziehen hatte. Adam war ja auch nackig.«

»Und Gott?«

»Keine Ahnung, ob Gott nackig war oder nicht. Das ist auch egal. Wichtig ist, dass Adam und Eva nackig waren und es ihnen überhaupt nicht peinlich war. Die beiden wussten nicht einmal, dass sie auch Jacken oder Hosen hätten tragen können. Wahrscheinlich würden sie sich kaputtlachen, wenn sie uns drei hier sehen könnten.«

Johanna betrachtete den dick eingemummelten Bauch ihrer Mutter und sah dann an sich selbst herunter. Sehr komisch fand sie den Anblick nicht. Überhaupt, sie hätte ganz schön gefroren ohne ihre langen Hosen.

»Adam und Eva verabschiedeten sich von Gott und gingen zusammen spazieren, weil Adam Eva den ganzen Garten Eden zeigen wollte, sie kannte sich ja noch nicht so aus. Natürlich kamen sie dabei auch an den Baum, den Gott ganz für sich haben wollte. Der Baum war nicht sonderlich schön, Eva wäre er wahrscheinlich gar nicht weiter aufgefallen und sie wäre weitergegangen, wenn Adam nicht gesagt hätte: ›Von dem Baum dürfen wir nichts pflücken, der gehört Gott. Ich hab versprochen, dass ich meine Finger davon lasse.‹ Und Eva wurde ganz schrecklich neugierig. Warum stellt Gott den Baum ausgerechnet hierher?, fragte sie sich. Aber sie versprach Adam, den Baum in Ruhe zu lassen, und fürs Erste machte sie wirklich einen riesengroßen Bogen darum. Dabei wäre es wohl auch geblieben, wenn ihr nicht genau dort eine Schlange begegnet wäre. Die Schlange hob den

Kopf und blitzte Eva listig und ein bisschen gefährlich an.«

Johanna nickte verständnisvoll. Sie konnte sich genau vorstellen, wie die Schlange ausgesehen haben musste. Wie Kaa im Dschungelbuch mit bunt leuchtenden Augen und einem verschlagenen Lächeln.

»›Hallo, Eva, wie gehtzzzzz?‹, zischelte die Schlange.«

Matti lachte, als seine Mutter zu lispeln begann wie eine Schlange.

»›Ach, gut so weit, danke der Nachfrage‹, antwortete Eva, ›Adam macht den ganzen Tag dieses und jenes und ich kann keine Feigen mehr sehen. Ständig dieses süße Zeug … aber man darf wohl nicht klagen.‹ – ›Zzzz, warum nimmzzzt du dir denn keinen von den Äpfeln? Die zzzind kräftig und ein bizzzchen zzzauer‹, zischte die Schlange weiter. – ›Ich würde ja gerne‹, gab Eva zu bedenken, ›aber Gott hat uns den Baum verboten und ich will Adam keinen Kummer machen. Was ich aber wirklich gerne mal wüsste, ist, warum wir von dem Baum nicht essen dürfen, das hat Gott uns nämlich nicht erklärt.‹ – ›Na, ganzzz einfach, die Äpfel machen zzzlau und Gott will nicht, dazzz ihr zzzo klug zzzeid wie er.‹ – ›Das ist aber nicht richtig von ihm!‹, rief Eva und ging schnurstracks auf den Baum zu und pflückte sich einen Apfel. In diesem Moment kam Adam vorbei und hielt vor Schreck die Luft an. ›Was machst du da?‹ – ›Die Schlange hat gesagt, dass wir schlau werden, wenn wir den Apfel hier essen, und es ist nicht einzusehen, dass Gott die ganze Klugheit für sich alleine haben soll.‹ Und dann biss sie in den Apfel. Das wollte Adam nun auch nicht gefallen, dass seine Frau klüger sein sollte als er, und er aß die andere Apfelhälfte, die sie ihm hinhielt.«

»Ich denke, Möhren machen schlau«, unterbrach Johanna.

»Ich mag Äpfel«, sagte Matti. »Und Paprika und Gurke. Aber keine Tomaten.« Frau Blume nickte und lächelte ihren Sohn an.

»Ich weiß, Matti. – Äpfel machen jedenfalls auch klug«, beharrte sie. »Die beiden wurden nämlich wirklich schlau. Und sie wussten plötzlich den Unterschied zwischen Gut und Böse.«

»Wie ging denn das? Hatten die das vorher

nicht gewusst? Das weiß doch selbst Matti, was böse ist und was nicht.«

Ihre Mutter nickte. »Ja, stimmt, das weiß selbst Matti. Aber vor einem Jahr wusste er es noch nicht so genau. Und Adam und Eva – so geht jedenfalls die Geschichte – konnten zwar sprechen und laufen und hatten Zähne im Mund wie erwachsene Menschen, aber sie waren ansonsten wie kleine Kinder. Sie wussten beinahe gar nichts. Und das war nicht weiter schlimm, schließlich hatten sie ja Gott, der sich um sie kümmerte, sie hatten die Tiere, mit denen sie spielen konnten, und die Bäume, auf denen ihr Essen wuchs. Dass wir so vieles wissen, hat ja auch etwas damit zu tun, dass wir gar nicht überleben könnten, wenn wir nicht wüssten, dass Lastautos stärker sind als wir, dass man Kartoffeln kochen muss, bevor man sie isst, und dass es gefährlich ist, dreckiges Wasser zu trinken.«

»Und im Garten Eden gab es keine Lastautos ...«, Johanna sah versonnen zur Straße, wo gerade ein großer Tankwagen um die Ecke bog.

»... und keine Kartoffeln und dreckiges Wasser schon mal gar nicht. Aber sie wurden eben nicht nur klug, ihnen fiel auch auf, dass sie nackt waren. Und das war ihnen plötzlich peinlich. Sie rissen sich von einem der vielen Feigenbäume ein paar Blätter ab und banden sich die um die Hüften. Dummerweise kam in diesem Moment gerade Gott vorbei, und dem fielen die Blätter natürlich auf. Und er kombinierte gleich richtig, dass sie die Feigenblätter umgebunden hatten, weil sie sich schämten, und schämen konnten sie sich nur, wenn sie wussten, dass sie nackig waren, und das konnten sie nur wissen, wenn sie einen von seinen Äpfeln gegessen hatten.«

»Und dann wurde er bestimmt sehr wütend.«

»Das kannst du mir glauben!«

Matti meldete sich wieder zu Wort. Er hatte seine Flasche leer getrunken und langweilte sich. Er fand die Geschichte nicht sehr interessant. Es kam keine einzige Hexe darin vor und überhaupt passierte für seinen Geschmack deutlich zu wenig. Die Schlange hatte ihm gefallen. »Ich will nach Hause«, jammerte er. »Papa hat gesagt, er macht Kartoffelpuffer! Ich hab Hunger! Mir ist kalt. Ich will jetzt gehen. Sofort!« Er stand auf und zerrte am Ärmel seiner Mutter.

»Ja, lass uns nach Hause gehen. Ich erzähl dir die Geschichte unterwegs weiter«, fügte die hinzu, als sie das enttäuschte Gesicht ihrer Tochter sah. »Wir sollten Papa und seine Kartoffelpuffer wirklich nicht so lange warten lassen«, gab sie zu bedenken und hängte sich die Tasche über die Schulter. Nachdem es eine kurze Diskussion gegeben hatte, weil Matti nach Hause getragen werden wollte, machten sie sich auf den Weg. Johanna und ihre Mutter vorneweg, der maulende Matti hinterdrein.

»Aber«, meinte Johanna, »eigentlich war Gott ja selber schuld, er hätte den Baum doch wirklich woanders hinstellen können!«

»Da hast du Recht«, gab ihre Mutter zu, »aber wie gesagt, er hatte den Baum genau da hingestellt, weil er sehen wollte, ob Adam ihm gehorchte. – Ganz schnell kam Gott dahinter, dass Eva zuerst gegessen hatte und dass die Schlange Eva angestiftet hatte. Und deshalb beschimpfte er die Schlange und schrie, dass sie von nun an kriechen sollte bis in alle Ewigkeit ...«

»Schlangen kriechen doch immer, oder?«

»Ich weiß nicht, vielleicht hatten sie vorher Beine ... In der Bibel steht jedenfalls, dass die Schlange kriechen musste, weil sie Eva verführt hatte. – Aber Gott war nicht nur auf die Schlange böse, sondern auch auf Adam und Eva. Er jagte sie aus dem Garten Eden hinaus in die Welt und gab ihnen noch einige kräftige Worte mit auf den Weg. Zu Adam sagte er: ›Ich werde das Unkraut erfinden und glaub mir, damit wirst du noch eine Menge Ärger haben! Es ist vorbei mit dem Essen, das direkt auf den Bäumen wächst! Du wirst ackern müssen und pflanzen und vor allen Dingen jäten und jäten und jäten, damit du auch nur ein bisschen Getreide ernten kannst!‹ – Und zu Eva: ›Du wirst demnächst Kinder kriegen, und schwanger zu sein wird ziemlich anstrengend sein! Und zwar nicht nur für dich, nein, so wie dir wird es allen Frauen auf der ganzen Welt gehen.‹«

»Und deshalb ist Eva schuld an deinen Rückenschmerzen …«, meinte Johanna nachdenklich. »Obwohl … eigentlich müsste ja die Schlange Rückenschmerzen haben. Und so eine Schlange hat einen ganz schön langen Rücken. Das würde bestimmt ziemlich wehtun.«

»Bestimmt«, gab ihre Mutter zu und streckte sich noch einmal.

Noah und die Arche

Johanna saß im Bett und sah zum Fenster hinaus. Sie hatte ihren Schlafanzug angezogen, die Zähne geputzt, die Zahnspange in den Mund gesteckt, ein letztes Kapitel in ihrem Buch gelesen und hatte trotzdem noch keine Lust zu schlafen. Der Regen klatschte an die Scheiben, die ganze Welt war grau und traurig.

»Mama«, fragte sie, »hört es denn gar nicht mehr auf zu regnen?«

»Doch«, sagte ihre Mutter, »bestimmt!« Währenddessen klappte sie Johannas Schulmappe zu und stellte sie neben den Schreibtisch. Johanna fand es zwar überflüssig, dass ihre Mutter jeden Abend nachschaute, ob Johanna die Mappe für den nächsten Tag vollständig gepackt und all ihre Schularbeiten gemacht hatte, aber ihre Mutter war unerbittlich.

»Hast du das Flötenlied geübt?«, fragte sie, öffnete die Tasche wieder und steckte die Blockflöte und die Noten neben dem Federmäppchen in die Tasche.

»Jaaa, hab ich … Wann denn bloß …«, fragte Johanna mit unglücklicher Stimme.

»Wann denn was?« Johanna merkte, dass ihre Mutter sich eigentlich nicht weiter über den Regen unterhalten wollte. Sie wollte Johanna ins Bett bringen, ihr vielleicht eine letzte Geschichte erzählen und dann ihren dicken Bauch die Treppe hinuntertragen und sich und den Bauch auf das Sofa setzen. Johannas Vater sah zur Tür hinein und pustete Johanna noch einen Kuss durchs Zimmer.

»Gute Nacht, Prinzessin«, sagte er und verschwand wieder.

»Der Regen, wann hört denn der Regen auf?«

»Bald«, antwortete ihre Mutter. »Soll ich dir noch eine Geschichte erzählen oder willst du weiterquengeln?«

»Na gut, aber es soll eine Regengeschichte sein.«

Ihre Mutter überlegte.

»Eine Regengeschichte ... ich kenne die allerberühmteste Regengeschichte der Welt.«

Johanna kuschelte sich in ihr Kissen und sah ihre Mutter gespannt an.

»Vor furchtbar langer Zeit lebten auf der Erde viele Menschen«, begann Johannas Mama.

»So wie heute?«, wollte Johanna wissen.

»Nein, ganz so viele waren es wohl nicht. Aber auf jeden Fall gab es eine Menge Leute auf der Erde. Männer, Frauen, Kinder, Familien. Und die bauten sich hier auf der Erde ein Dorf, da sogar eine Stadt und hier noch einen Aussiedlerhof. Was sie eben so brauchten. Leider vertrugen sich die Menschen aber nicht so, wie Gott sich das vorgestellt hatte, als er die Erde und die Menschen gemacht hatte. Im Gegenteil. Je mehr Menschen da waren, desto mehr stritten sie sich.«

Frau Blume sah, wie Johanna ihre Stirn in Falten legte und den Mund öffnete, um ihre Meinung kundzutun.

»Ich weiß, was du sagen willst – du findest, Gott hatte die Menschen ja ganz genau so streitsüchtig gemacht, wie sie waren. Aber er wollte trotzdem noch einmal ganz von vorne anfangen. So wie du, wenn du ein Bild malst und plötzlich merkst, dass es dir überhaupt nicht gefällt und dass es ganz anders aussieht, als du es dir vorgestellt hast. Weil er sich aber die Mühe mit der Kneterei und dem Garten Eden nicht noch einmal machen wollte oder weil er zufällig eben einen einzigen Menschen auf der Erde fand, der nicht streitsüchtig war, beschloss er, den und seine ganze Familie zu retten und mit denen dann neu anzufangen. Noah hieß dieser Mann und er lebte mit Frau Noah und ihren drei Söhnen Sem,

Ham und Jafet und deren Frauen zusammen auf einem kleinen Bauernhof.

Eines Tages, als Noah in der Abendsonne vor seinem Haus saß und auf das Essen wartete, hörte er eine Stimme. Er wunderte sich, denn er wusste, dass seine Söhne im Wald waren und Eicheln sammelten und dass seine Frau mit ihren Schwiegertöchtern im Haus war und kochte. Eigentlich konnte er also gar keine Stimme hören. Er sah sich um, aber er konnte niemanden entdecken. Ein bisschen gruselte er sich, ist ja auch nicht weiter verwunderlich. Wenn ich ganz alleine bin und plötzlich jemand mit mir spricht, erschrecke ich mich auch.«

»Ich mich auch«, warf Johanna ein.

»Aber du kommst nie drauf, wer da mit Noah sprach, als er vor seinem Haus saß und sich ausruhte«, fuhr Johannas Mutter fort. »›Ich bin's‹, sagte Gott. Und jetzt erschrak Noah erst richtig, denn mit Gott hatte er an diesem Abend nun überhaupt nicht gerechnet. – ›Was kann ich für Sie tun?‹, fragte er ganz höflich, denn er wollte Gott nicht verärgern. – Gott setzte sich neben Noah auf die Bank und sagte: ›Pass auf, Noah. Es wird regnen. Immerzu regnen und gar nicht mehr aufhören. Aber ich geb dir einen guten Rat. Bau dir ein großes Boot, wenn du nicht ertrinken willst, weil alles, alles überschwemmt werden wird: dein Haus, der Wald, die Stadt, einfach alles!‹«

»Hast du nicht gesagt, dass Noah in der Abendsonne saß?«

Frau Blume nickte. »Unter strahlend blauem Himmel«, sagte sie, »und deshalb wunderte Noah sich ziemlich, als Gott da im schönsten Hochsommer von einem furchtbaren Regen redete, aber er glaubte Gott. Außerdem hatte Gott ja nicht gesagt, dass es sofort regnen würde. – ›Danke, Gott‹, sagte Noah und stand auf, weil er dachte, Gott würde wieder gehen, und da wollte er ihn freundlich verabschieden. – ›Setz dich wieder‹, sagte Gott streng, ›ich bin noch nicht fertig. Weil ich dir einen Tipp gegeben habe, kannst du mir einen Gefallen tun.‹ – ›Klar‹, sagte Noah, das verstand sich ja von selbst. – ›Bau ein wirklich großes Schiff, damit nicht nur du und deine Frau und deine Kinder darauf passen, sondern außerdem noch von allen Tieren, die es auf der Welt gibt, jeweils ein Pärchen. Einen Löwen und eine Löwin, einen Hahn und ein Huhn, ein Marienkäfer und seine Frau und so weiter.‹ – Das versprach Noah, denn zufällig mochte er Tiere sehr gern.«

»Und wie war das mit den Regenwürmern?« Johanna hatte zu ihrem Geburtstag ein Buch über die Fortpflanzung der Tiere geschenkt bekommen und darin gelesen, dass Regenwürmer Männchen und Weibchen gleichzeitig waren. Sie war gespannt, wie Noah dieses Problem lösen würde.

»Ist doch ganz klar«, lächelte ihre Mutter, während sie den Vorhang zuzog und Johanna zudeckte, »Regenwürmer müssen auch zu zweit sein, um Kinder zu kriegen, also nahm er einfach zwei Regenwürmer mit. Und zwei Schnecken«, kam sie ihrer Tochter zuvor, bevor die weitere Besonderheiten des Tierreiches aufzählen konnte. »Du glaubst gar nicht, wie seine Nachbarn ihn ausgelacht haben!«

Johanna machte ein fragendes Gesicht.

»Noah, musst du wissen, wohnte weder an einem See noch an einem Meer, sondern mitten auf dem flachen Land, und da sah es schon ein bisschen komisch aus, wie er mit seiner Familie dieses riesengroße Schiff baute. Sie schleppten Bretter, bauten Kajüten, trugen körbeweise Essen an Bord, kleisterten die Bordwände mit Pech zu und luden schließlich auch noch Tiere auf ihr Schiff. Und nicht etwa nur Kühe und Kaninchen, das hätten die Leute ja verstanden, aber er holte auch Blindschleichen, Elche, Ratten und Mistkäfer an Bord. Wozu das gut sein sollte, konnte nun wirklich niemand verstehen. Und dann saßen Noah und seine Familie unter dem strahlend blauen Sommerhimmel und guckten hinaus. Die Nachbarn standen um das Schiff herum und lachten sich kaputt über den verrückten Noah. Noah wäre am liebsten aus dem Schiff gestiegen, hätte sich in seinem Haus verkrochen und keinen Ton mehr gehört von Regen, Schiffen oder Tieren. Aber Gott hatte gesagt, dass es regnen würde, und Noah glaubte ihm. Also blieb er, wo er war, und wartete. Es war ziemlich eng in der Arche, aber sie erzählten sich Geschichten und spielten ein paar Spiele und vertrieben sich die Zeit, so gut es ging. Und schließlich fing es wirk-

lich an zu regnen. Der Regen prasselte auf das Kajütendach und nach ein paar Tagen war so viel Regen gefallen, dass das Schiff losschwamm mit Noah, seiner Frau, Ham, Sem und Jafet, deren Frauen und allen, allen Tieren. Ein paar von den Tieren hatten schon angefangen zu murren und zu meckern, weil sie Noahs Überschwemmungsgeschichte nicht richtig glauben mochten. Der Löwe und seine Frau waren kurz davor, wieder nach Hause zu gehen. Und wenn der Löwe ging, wollten auch das Nashorn und das Gnu nicht bleiben. Jetzt jedenfalls schwamm das Schiff und die Passagiere schauten über die Reling und sahen, wie die ganze Welt um sie herum versank.«

Johanna erinnerte sich noch gut an die letzte Autofahrt zu ihren Großeltern. Matti und sie hatten zwischen Koffern, Kissen und Spielsachen auf der Rückbank des Autos gesessen und ihre Mutter hatte auf dem Vordersitz versucht sich und ihren Bauch zwischen dem Proviantkorb und der Bücherkiste unterzubringen.

»Die Tiere waren ziemlich traurig, weil sie die Welt, wie sie gewesen war, ganz gern gemocht hatten. Und gleichzeitig waren sie natürlich heilfroh, dass gerade sie auf die Arche gebeten worden waren. Und es regnete immer weiter und weiter, ganze vierzig Tage und Nächte lang. Du kannst dir wohl vorstellen, wie sich die Tiere an Bord der Arche fühlten ...«

Johanna nickte. »Zu Oma und Opa brauchen wir ja nur vier Stunden«, sagte sie, »und das ist schon ziemlich lang!«

Frau Blume seufzte. Die letzte Fahrt hatte mit einem Streit zwischen Matti und Johanna um den besten Platz begonnen und mit einem Streit zwischen Johanna und ihrem Vater über den Sinn von Essensregeln im Auto geendet.

»Erst nach über vier Monaten ging das Wasser ganz langsam zurück und Noah kam aus seiner Kajüte, um zu schauen, ob irgendwo Land zu sehen wäre. Die Arche hing fest, unter dem Wasser musste also fester Grund sein, aber zu sehen war nichts davon.«

»War das ein Riff?« Riffe, das wusste Johanna, konnten für Schiffe gefährlich werden, wenn der Kapitän sie nicht rechtzeitig bemerkte und das Schiff auf Grund lief. Aber die Mutter schüttelte den Kopf.

»Bis zum Horizont nichts als Wasser. Wasser, Wasser und noch einmal Wasser. Darum schickte Noah einen der beiden Raben los, die mit auf dem Schiff waren. Der Rabe verschwand am Horizont und die übrigen Passagiere mussten wieder warten. Nachdem sie sich beinahe die Augen aus dem Kopf geguckt hatten und schon fast glaubten, der Rabe würde nie wieder auftauchen, kam er endlich ganz erschöpft wieder, landete auf der Reling und schüttelte traurig den Kopf. Am nächsten Tag ließ Noah eine Taube losfliegen und auch die kam traurig und erschöpft zurück. Noah wartete noch eine Woche, aber dann, fand er, es wäre an der Zeit, noch einmal nach Land zu suchen. ›Irgendwann muss dieses Wasser ja wohl abfließen‹, meinte er und schickte die Taube wieder los und endlich, endlich kam sie mit guten Nachrichten zurück. Sie brachte ein kleines Blatt mit, um zu zeigen, dass sie Land entdeckt hatte. Noah beugte sich über die Reling und kam aus dem Staunen gar nicht mehr heraus! Das Schiff stand auf einem riesenhohen Berg. Wirklich, je mehr das Wasser abfloss, versickerte und verdunstete, desto mehr von dem Berg kam zum

Vorschein. Und so waren sie gerettet.« Frau Blume stand auf.

»Und stimmt das alles?«, fragte Johanna verunsichert und sah noch einmal in den Regen hinaus.

»Die einen sagen Ja, die anderen sagen Nein«, meinte ihre Mutter geheimnisvoll.

»Auweia!« Johanna sah noch einmal aus dem Fenster. »Meinst du, jetzt regnet es auch immerzu und immerzu, bis wir alle weggeschwemmt werden, weil Papa keine Arche für uns gebaut hat?«

»Ach Maus«, lachte ihre Mutter, »nein, das glaube ich nicht. Im Wetterbericht haben sie gesagt, dass am Wochenende das Wetter wieder schön sein soll. Und das kann ich nur hoffen, denn wenn unser Baby kommt, soll doch die Sonne zur Begrüßung scheinen, oder?«

Sie wollte zur Tür hinausgehen. Die Hand hatte sie schon am Lichtschalter, war schon halb zur Tür hinaus, als Johanna sie noch einmal zurückrief.

»Aber wenn du sagst, vielleicht ist die Geschichte doch wahr!« Johanna war noch immer in heller Aufregung. Sie wusste natürlich, dass der Regen wieder aufhören würde, so, wie er immer aufhörte, aber genau, wie sie sich abends bei Gespenstergeschichten gruselte, obwohl sie wusste, dass es keine Gespenster gab, fand sie diese Regengeschichte mit einem Mal ziemlich beunruhigend.

»Sagen wir es mal so … Teile der Geschichte sind wahr, Buchstabe für Buchstabe. Und andere Teile sind ein bisschen wahr und noch andere Teile sind vielleicht nicht genau so passiert, aber darum geht es in den meisten Geschichten in der Bibel ja gar nicht. Es geht darum, was die Geschichten bedeuten.«

»Und was bedeuten die Geschichten?« An Einschlafen war jetzt nicht mehr zu denken. Johanna saß aufrecht in ihrem Bett und zog die Stirn in Falten.

Ihre Mutter setzte sich wieder auf den Bettrand. Johannas Fragen mussten natürlich beantwortet werden. »Der Berg hieß Ararat, und den gibt es noch heute irgendwo in der Türkei. Das ist also ganz wahr. Und inzwischen glauben die Wissenschaftler, die Geologen, dass es auch so eine Flut mal gegeben hat. Wohl keine Flut, die die ganze Welt überschwemmt hat, aber doch eine Flut, die die ganze Gegend unter Wasser gesetzt hat. Und die Geschichte von der großen Flut wurde dann eben weiter- und weitererzählt und dabei wurde die Flut immer fürchterlicher und am Ende stand die Geschichte dann eben so in der Bibel.«

»Und warum?« Johanna ließ nicht locker.

»Ja, warum …« Jetzt zog auch ihre Mutter die Stirn in nachdenkliche Falten. »Darüber gibt es verschiedene Ansichten. Du und ich, wir sind ja nicht die Ersten, die darüber nachdenken. Ich glaube, die Geschichte will uns sagen, dass jedes

Ding auf der Erde wichtig ist. Jede Ameise, jeder Vogel und jedes Walross.«

»Und jedes Pferd?«

»Ja, auch jedes Pferd. Und dass Gott eben möchte, dass wir uns immer daran erinnern, wie wichtig ihm jedes Tier und jede Blume sind.«

»Aber, wenn Gott das alles so wichtig ist, warum hat er dann all die Menschen weggeschwemmt? Die waren ja nicht mit auf dem Schiff. Und von den Tieren ja auch immer nur ein Pärchen. Die anderen sind doch alle ertrunken!« Diese Ungerechtigkeit fand Johanna zutiefst empörend.

»Das genau ist der Teil, bei dem du vielleicht nicht jeden einzelnen Buchstaben glauben solltest. Das hab ich dir ja schon erzählt, es gab wohl eine große Flut, aber keine soo große, dass sie die ganze Erde überschwemmt hätte. Das soll einfach bedeuten, dass wir alle ganz furchtbar gut auf unsere Welt aufpassen müssen. Auf jedes kleine Mädchen und auf jeden noch so kleinen Käfer.«

»Ich pass immer gut auf«, sagte Johanna.

»Ich auch«, antwortete ihre Mutter und gab

ihrer Tochter noch einen Kuss. »Und deshalb musst du dir keine Sorgen machen, dass die ganze Erde wieder überschwemmt wird. Ganz am Ende der Geschichte, das hab ich eben vergessen dir zu erzählen, hat Noah noch einen Regenbogen gesehen. Einen wunderschönen, bunten Regenbogen, den Gott geschickt hatte, um Noah zu zeigen, dass jetzt alles gut war und er sich keine Sorgen mehr zu machen brauchte.«

»Die Regenbogen kommen von Gott? Oder heißt es Regenbögen?«

»Ich glaube, es heißt Regenbogen«, meinte ihre Mutter und überlegte. Und dann: »Ja, die Regenbogen kommen wahrscheinlich von Gott. – Schlaf schön.«

Abraham und Sara

»Was ist eigentlich Eifersucht?« Johanna räkelte sich gemütlich in Mamas Sessel und ließ die Beine baumeln. »Hier drin steht eine Geschichte, die heißt ›Rasendes Feuer der Eifersucht‹«, fuhr sie erklärend fort und hielt die Fernsehzeitschrift in die Höhe.

»Hm.« Johannas Mutter sah auf. Sie lag auf dem Sofa und ruhte sich aus. Seit das Baby da war, musste sie sich oft ausruhen. Johanna und Matti gefiel das nicht, aber ihre Mutter hatte ihnen erklärt, dass es sehr anstrengend war, Babys zu bekommen, und dass man sich danach eben ein Weilchen ausruhen musste.

»Du weißt doch, wie wütend Matti war, als er Emma das erste Mal gesehen hat, oder?«

»Ooo ja!« Johanna nickte heftig mit dem Kopf. Matti hatte sich so sehr auf das Baby gefreut, so-

lange es in Mamas Bauch gewesen war, aber als Emma und Mama dann nach Hause gekommen waren, hatte er geschrien und getobt, weil sie auf Mamas Bauch liegen durfte und Milch aus ihrem Busen bekam und bei Mama und Papa im Bett schlief.

»Das zum Beispiel ist Eifersucht«, meinte ihre Mutter. »Aber ich glaube nicht, dass das in deiner Zeitung da gemeint ist. Diese Art von Eifersucht ist schwer zu erklären. Aber ich kenne eine Geschichte über Eifersucht, vielleicht hilft dir das ja weiter.«

Johanna nickte und pfefferte die Zeitung in einem eleganten Bogen dicht neben den Zeitungskorb. Ihre Mutter warf ihr einen vorwurfsvollen Blick zu. Johanna stand auf und legte die Zeitung in den Korb, bevor sie sich wieder in den Sessel kuschelte.

»Es war einmal ein Mann, der hieß Abram«, begann die Mutter, »und Abrams Frau hieß Sarai.«

»A-bra-ham«, korrigierte Johanna ihre Mutter, aber die schüttelte den Kopf.

»Nein«, sagte sie, »A-bra-ham hieß er erst später. Zuerst hießen er und seine Frau Abram und Sarai und erst viele Jahre später hat Gott beschlossen, sie Abraham und Sara zu nennen.«

»Und warum?«, wollte Johanna wissen, die das alles sehr verwirrend fand, denn sehr bedeutend erschienen ihr die Unterschiede zwischen den alten und den neuen Namen nicht.

»Gott wollte, dass Abram Abraham hieß, weil das auf Hebräisch ›Vater einer großen Menge‹ heißt, und das sollte er werden.«

»Und Sarai?«

»Sarai sollte Sara heißen, weil das auf Hebräisch ›Fürstin‹ bedeutet. Aber lass mich doch mal weitererzählen!«

Als Johanna nickte, fuhr ihre Mutter fort: »Sie lebten glücklich und zufrieden mit ihren Schafen, bis Abram eines Tages Gott begegnete.«

»Ich bin Gott noch nie begegnet, oder?«, fragte Johanna.

»Vielleicht hast du es nicht bemerkt«, gab ihre Mutter zu bedenken und zuckte die Schultern. Dann fuhr sie fort: »Abram war mit seinen Schafen losgezogen, hatte hier und da Pause gemacht, damit die Schafe ein bisschen Gras fressen konnten, und war fast schon wieder so weit, nach Hause zurückzugehen, als Gott um die Ecke bog. Ziemlich unvermittelt und ohne große Vorrede sprach er Abram an: ›Abram, sag deiner Frau, sie soll alles einpacken, was ihr unterwegs so braucht, und dann geht los in Richtung des Sonnenunterganges. Ich sag euch Bescheid, wenn ihr anhalten sollt.‹ – ›Warum sollten wir das tun, lieber Gott?‹, fragte Abram. ›Eigentlich geht es uns doch ganz gut, da, wo wir jetzt sind, weißt du.‹ – ›Natürlich weiß ich das‹, sagte Gott ein wenig ungehalten, ›ich bin Gott! Ich werde schon meine Gründe haben, meinst du nicht?‹ – ›Aber trotzdem wüsste ich doch gern‹, sagte Abram, ›warum wir losgehen sollen. Weißt du, meine Frau lässt sich nicht gerne rumkommandieren ...‹ – Mit hartnäckigen Frauen hatte Gott schon mal zu tun gehabt, also leuchtete ihm ein, was Abram sagte, und er überlegte einen Moment lang.«

»Du meinst Eva, oder?« Johanna erinnerte sich an Eva und die Schlange, die schuld daran war, dass der Rücken ihrer Mutter so oft wehgetan hatte, als Emma noch in ihrem Bauch gewesen war.

Ihre Mutter nickte. »Genau. – Gott dachte also nach und dann sagte er: ›Sag ihr, dass ich will, dass ihr ein großes Volk werdet. Deshalb müsst ihr losgehen.‹ – Das fand Abram nun wieder sehr schmeichelhaft und er lief ganz schnell nach Hause, um Sarai davon zu erzählen. Er hüpfte richtig vor Freude und Aufregung.«

»Hat Sarai sich denn auch gefreut?«, fragte Johanna und sah ihre Mutter an.

»I wo! Die regte sich fürchterlich auf. ›Losziehen? Durch Nacht und Wind? Und du, du Schaf, findest das auch noch prima?‹ – ›Na ja‹, sagte Abram, ›Gott will es eben so. Er will aus uns und unserer Familie ein großes und starkes Volk machen, das musst du verstehen …‹ – ›Sag mal, Mann, welche Familie denn? In all den Jahren konnten wir keine Kinder bekommen und jetzt fängst du mit so etwas an! Woher sollen wir denn plötzlich eine Familie haben? Von einem Volk mal ganz zu schweigen!‹ Sarai war wirklich wütend. Aber sie wusste, dass man nicht gut daran tat, Gott zu widersprechen. Sie hatte wohl ein bisschen Angst vor ihm und ließ ihren Ärger lieber an Abram aus. Und sie packte grummelnd ihre Sachen zusammen und marschierte mit Abram und den Schafen los.«

»Warum hat Abram das denn geglaubt, das mit dem Volk, wenn Sarai es nicht geglaubt hat? Und warum konnte er kein großes Volk werden, da, wo er war? Ich würde nicht einfach von zu Hause wegziehen wollen.« Nachdenklich zog Johanna die Stirn in tiefe Falten. Die Vorstellung, ihr Zimmer und ihre Freunde einfach so zurückzulassen, fand sie ganz und gar grässlich.

»Da, wo Abram und Sarai lebten, wohnte bereits ein Volk, da war kein Platz für ein so großes und mächtiges Volk, wie Gott es ihm versprochen hatte. Außerdem glaubte er Gott eben«, erwiderte ihre Mutter. »Irgendwann tauchte Gott dann wieder auf. Mitten im Land Kanaan.«

»Wo ist denn Kanaan?« Johanna konnte sich nicht entsinnen, diesen Namen in der Schule schon einmal gehört zu haben.

»Kanaan gibt es schon lange nicht mehr. Wenn du auf dem Globus nachschaust und Jordanien und Israel findest, dann weißt du so ungefähr, wo Kanaan lag«, erklärte ihre Mutter und fuhr fort: »›Hier sollen eure Nachkommen einmal wohnen‹, verkündete Gott. – ›Jajaja‹, antwortete Sarai und zog die Augenbrauen hoch. Und ganz leise, sodass niemand sie hören konnte, nicht einmal Gott, flüsterte sie: ›Wie sollen meine Kinder und Kindeskinder hier wohnen, wenn ich kein einziges Kind habe, frage ich mich. Nachkommen. Welche Nachkommen, frage ich mich, woher denn Nachkommen?‹ – Trotzdem hob sie ihr Bündel wieder auf und marschierte weiter, wie Gott es ihnen befohlen hatte.«

»Und wo bleibt die Eifersucht?«, unterbrach Johanna wieder. »Ich wollte doch eine Geschichte über Eifersucht!«

»Jetzt warte doch mal ab!« Ihre Mutter machte ein missbilligendes Gesicht. »Nach einer sehr langen und beschwerlichen Reise kamen sie nach Ägypten, packten ihr ganzes Zeug aus und bauten sich eine Hütte. – Hab ich schon erzählt, dass Sarai außerordentlich hübsch war?«

Johanna schüttelte den Kopf und rückte eines der Kissen hinter ihrem Rücken zurecht. »Hübsch wie Barbie?«, fragte sie.

»Eher nicht«, antwortete ihre Mutter. »Sie hatte lange schwarze Haare, die ihr bis auf den Po reichten, und war immer braun gebrannt und ihre Augen waren beinahe mandelförmig. – Abram machte sich deshalb einige Sorgen. Es war ihm schon unterwegs aufgefallen, dass die Menschen, denen sie begegnet waren, Sarai anstarrten, als wäre sie eines der sieben Weltwunder. – ›Die Leute gaffen dich alle an‹, sagte er zu seiner Frau. ›Wenn die jetzt hören, dass wir verheiratet sind, könnten sie auf die Idee kommen, mich einfach umzubringen, um dich zu bekommen, wer weiß ... lass uns doch einfach erzählen, dass du meine Schwester bist. Dann kann ich auf dich aufpassen, wie sich das für einen Bruder gehört, und mich lässt man am Leben.‹ – ›Wenn's dich denn glücklich macht, Mann‹, sagte Sarai kopfschüttelnd.«

»Aber das war doch gelogen«, meinte Johanna.

»Nicht ganz gelogen«, fand Frau Blume, »Sarai und Abram waren wirklich Halbgeschwister. Aber trotzdem waren sie natürlich in erster Linie Mann und Frau.«

»Damals durften Geschwister heiraten?«, wollte Johanna angewidert wissen und dehnte das Wort wie einen ausgelutschten Kaugummi.

Einen Ehemann Matti wollte sie sich lieber gar nicht vorstellen.

»Manchmal. Jedenfalls kamen in der nächsten Zeit tatsächlich viele Männer vorbei, um Sarai kennen zu lernen. Und sogar der Pharao interessierte sich für sie.«

»War er verliebt?« Geschichten über Verliebte hörte Johanna in letzter Zeit besonders gern. Seit es Konrad gab, um genau zu sein. Konrad ging seit den Weihnachtsferien in ihre Klasse und Konrad spielte nicht nur Fußball in der Schulmannschaft, er hatte auch blitzende blaue Augen und tolle blonde Haare.

Ihre Mutter nickte und lächelte. »Ich weiß nicht«, sagte sie, »wahrscheinlich nicht, er hatte sie noch nicht einmal gesehen, glaube ich. Aber er hatte gehört, dass sie sehr schön sein sollte, und deshalb wollte er sie zur Frau nehmen. Und er schickte seinen Diener los: Ein Pharao musste nicht selbst losgehen, um sich eine Frau zu suchen. Es genügte, wenn er seinem Diener sagte, dass er sich eine Frau ausgesucht hatte, und schon lief der los und brachte ihm die Frau in den Palast.«

»Er wollte sie holen lassen?«, rief Johanna empört aus. »Das war aber sehr unhöflich von dem Pharao!«

»Das fand Sarai auch«, erklärte ihre Mutter, »sie war schrecklich ärgerlich und schimpfte so sehr, dass Abram es mit der Angst zu tun bekam und ihr die Hand auf den Mund legte. – ›Was hältst du mir den Mund zu?‹, fauchte sie. – ›Weißt du nicht, um wen es hier geht?‹, flüsterte Abram. – ›Anscheinend nicht‹, regte sich Sarai auf, ›aber ich hätte wetten mögen, es geht um mich.‹ – ›Es geht um den Pharao!‹, rief Abram. ›Wenn du nicht mitgehst, können wir uns auch gleich selber die Kehle durchschneiden.‹ – ›Und wenn ich mitgehe, was ist dann?!‹, fragte Sarai, die langsam, aber sicher Angst bekam. Abram hatte gesagt, sie solle sich als seine Schwester ausgeben, damit er sie beschützen konnte. Aber sie dem Pharao zur Frau zu geben, konnte man wohl schlecht als beschützen bezeichnen. Ohne Abram noch eines Blickes zu würdigen, packte sie ihre Sachen und folgte dem Diener. Und Abram blieb alleine in seinem Haus zurück.«

»Selber schuld«, fauchte Johanna, die sich während der letzten Minuten immer grimmiger in ihrem Kissen vergraben hatte.

»Immerhin tat es ihm jetzt wirklich Leid. Vielleicht wäre es ja doch besser gewesen, die Wahrheit zu sagen, überlegte er. Das Haus war sehr leer, so ohne Sarai. Er konnte nicht mehr schlafen, er hatte keinen Hunger mehr, dauernd musste er sich vorstellen, wie Sarai und der Pharao sich küssten. Er starb fast vor Eifersucht.«

Johanna setzte sich ruckartig auf. »Das ist Eifersucht?«, fragte sie und ihre Stimme klang ein wenig enttäuscht.

»Das ist Eifersucht«, bestätigte ihre Mutter. »Und dazu noch völlig unnötige Eifersucht. Sarai konnte es ja bekanntlich nicht leiden, wenn man über sie bestimmte. Und so giftete sie jetzt den Pharao an, wann immer der in ihr Zimmer kam.«

»Selber schuld«, wiederholte Johanna und kniff das Kissen, als wäre es der Pharao höchstpersönlich.

Ihre Mutter lachte. »Das hatte sich der Pharao nun wirklich anders vorgestellt. Vor lauter Begeisterung über seine neue Frau hatte er ihrem angeblichen Bruder Abram Schafe und Esel geschenkt und ihm körbeweise leckerstes ägyptisches Essen bringen lassen, aber die Freude verging ihm schnell wieder. Er hatte geglaubt, dass Sarai abends, wenn er vom Regieren nach Hause kam, auf ihn warten würde, um ihm für den Rest des Abends alle Wünsche von den Augen abzulesen. Aber Sarai dachte gar nicht daran. Stattdessen lag sie einfach nur schlecht gelaunt auf ihrem Bett, aß Trauben und Feigen und war unfreundlich zu ihm. Eigentlich genoss sie das Leben im Palast. Bei Abram hatte es nie Trauben gegeben und ein Bett mit weichen ägyptischen Decken erst recht nicht.

Gott sah sich ein paar Tage lang an, wie Abram in seinem Haus saß, den Kopf in die Hände gestützt, seufzend, eifersüchtig, besorgt, dann beschloss er einzugreifen. Er belegte den armen Pharao mit allen möglichen Krankheiten und Übeln, mit Ausschlag, Pickeln und Durchfall, und als der endlich gar nicht mehr weiterwusste, lief er zu Sarai und klagte ihr sein Leid.«

»Jammerlappen«, hörte Johannas Mutter aus den tiefsten Tiefen der Sofakissen.

»Woher hätte der Pharao denn wissen sollen, dass Sarai Abrams Frau war«, rief ihre Mutter aus, »aber ganz so herzlos war Sarai nicht, dass sie sich das anhören konnte, ohne den armen Kerl endlich aufzuklären. Also verriet sie ihm, dass sie in Wirklichkeit die Frau Abrams war und dass Abram aus Angst behauptet hatte, sie sei seine Schwester und so weiter. Und der Pharao ließ Abram rufen, damit der Sarai so schnell wie möglich abholte. Und in null Komma nichts war der Pharao all seine Krankheiten los und Abram und Sarai verließen Ägypten noch am selben Tag.«

»Und Sarai ist einfach so zu ihrem Mann zurückgegangen?« Johanna war fassungslos. Von Sarai hätte sie etwas anderes erwartet.

»Na ja«, entgegnete Mama, »sie fand wohl, dass er mit seiner Eifersucht gestraft genug war, und glaubte, dass er es sich in Zukunft zweimal überlegen würde, bevor er Lügen über sich und seine Frau erzählte. Ob er allerdings so richtig glücklich wurde mit seiner Frau, die jetzt plötzlich überhaupt keine Trauben mehr bekam, das ist fraglich.«

Johanna und ihre Mutter tauschten ein vielsagendes Lächeln.

»Geschieht ihm recht«, rief Johanna, bevor sie zur Tür hinausstürmte, um ihren Vater zu begrüßen, der in diesem Moment nach Hause kam.

Jakob und Esau

Die Sonne schien und Johanna saß vor der geöffneten Haustür und genoss die Wärme. Frau Blume saß neben ihr und schaukelte Baby Emma in den Schlaf. Drinnen hörte man Herrn Blume und Matti miteinander tuscheln und kichern. Die beiden bauten ein Geheimversteck für Matti und klapperten schon seit Stunden mit Brettern, Hammer und Wasserwaage.

»Könnt ihr ein bisschen leiser sein? Emma soll schlafen«, rief Johannas Mutter halblaut hinein.

»Wir sind schon fertig«, antwortete Herr Blume, »jetzt müssen wir nur noch einrichten. Haben wir irgendwo alte Decken?«

Seine Frau deutete wortlos auf eine alte, aufklappbare Küchenbank, die im Halbdunkel neben der Eingangstür stand und beinahe verschwand unter Jacken und Mützen der Kinder.

Johanna liebte solche Nachmittage, an denen weder Papa noch Mama etwas Wichtiges zu tun hatten und sie alle zusammen zu Hause blieben und es sich gemütlich machten. Vor allen

Dingen, wenn ihre Mutter ihr Geschichten erzählte.

»Rebekka und Isaak verstanden sich ziemlich gut, obwohl sie sich vor ihrer Hochzeit überhaupt noch nie gesehen hatten«, sagte sie gerade mit leiser Stimme, um das Baby auf ihrem Arm nicht zu erschrecken. Emma hob noch einmal ruckartig den Kopf, bevor ihre Augen endgültig zufielen und sie einschlief.

»Wieso hatten die sich denn vor ihrer Hochzeit noch nie gesehen?«, wunderte sich Johanna, die es sich wie immer nicht verkneifen konnte, ihre Mutter mit tausendundeiner Zwischenfrage zu unterbrechen.

»Weil man damals nicht aus Liebe geheiratet hat, sondern man heiratete, weil die Eltern einen Heiratsvermittler beauftragten, für ihren Sohn oder ihre Tochter einen passenden Partner zu finden. Jemanden, der ähnlich viel Geld in die Ehe mitbrachte, zum Beispiel. Oder jemanden, dessen Äcker an die eigenen Äcker stießen, sodass durch eine Hochzeit der eigene Hof vergrößert werden konnte.«

»Aha.« Johanna nickte. »Das würde mir aber

nicht gefallen, wenn du sagen würdest, ich soll Philipp von nebenan heiraten, weil wir dann einen größeren Garten hätten!«

»Dabei ist das doch eigentlich eine gute Idee!« Frau Blume lachte. »Einen größeren Garten hätte ich gern … Jedenfalls wurde Rebekka von irgendeinem Heiratsvermittler ausgesucht und von Dienern geholt und zu Isaaks Familie gebracht. Auch wenn das nicht immer gut ging, in diesem Fall hatte der Heiratsvermittler gut gewählt und Isaak und Rebekka konnten sich auf Anhieb gut leiden und nach kürzester Zeit war Rebekka schwanger. Zuerst freute sie sich wie verrückt, vor allem, als sie merkte, dass sie zwei Babys im Bauch hatte.«

»Zwillinge!«, rief Johanna hocherfreut aus, die sich schon immer einen Zwillingsbruder gewünscht hatte.

»Jaaa … aber Rebekka hatte nicht viel Zeit, sich auf ihre Zwillinge zu freuen, denn die beiden Babys in ihrem Bauch vertrugen sich ganz offensichtlich nicht gut, sondern schubsten sich ständig hin und her und schienen sich schon im Bauch ihrer Mutter dauernd zu streiten. Und das blieb auch so, nachdem die beiden geboren waren. Immer gab es Streit und Ärger und Zank.«

Johanna konnte nicht verstehen, dass Zwillinge sich stritten. Sie war sich ganz sicher, sie und ihr Zwillingsbruder würden sich niemals streiten, wenn sie einen hätte.

»Schon bei der Geburt gab es Streit darum, wer zuerst rausdurfte. Das Baby, das zuerst seinen Kopf an die Luft streckte, nannten Isaak und Rebekka Esau, das heißt ›der Behaarte‹. Den Jungen, der kurz danach kam, Jakob.«

»War der wirklich behaart?«, wollte Johanna wissen und betrachtete Emmas rosig kahlen, kugelrunden Schädel.

»Ja. Schon bei der Geburt hatte er schwarze, lange Haare. Jakob nicht, der hatte ungefähr so viele Haare wie unsere Emma. – Und als die beiden größer wurden, konnte man auch sehen, warum sie sich nicht vertrugen. Niemals hatte man zwei Kinder gesehen, die verschiedener waren als Jakob und Esau. Esau rannte herum und kletterte auf Bäume und spielte mit den wildesten Hunden und Jakob blieb lieber bei seiner Mutter zu Hause und half ihr beim Kochen. Und

so war das nicht nur, als sie klein waren, sondern auch später, als sie größer und erwachsen wurden. Esau wurde Jäger und Jakob kümmerte sich um den Haushalt. Den Eltern war es eigentlich ganz recht, dass ihre Söhne so unterschiedlich waren. Rebekka saß stundenlang mit Jakob am Feuer und unterhielt sich mit ihm über dies und das und Isaak ging mit Esau auf die Jagd und alle waren hochzufrieden.«

»Aber jagen ist doch mies!«, rief Johanna und vertrat damit die offizielle Meinung der Familie Blume zum Thema. Jetzt aber schüttelte ihre Mutter den Kopf.

»Jagen zum Spaß ist mies, da hast du Recht. Und jagen, um Pelzmäntel aus den Tieren zu machen, ist auch mies. Aber zu der Zeit, in der Jakob, Esau, Isaak und Rebekka lebten, gab es noch keine Supermärkte, keine Metzger, keine Brotläden, da mussten sich die Leute selber um ihr Essen kümmern. Und wenn sie Fleisch essen wollten, mussten sie eben auf die Jagd gehen.«

Johanna ließ sich nicht so leicht überzeugen. Sie aß ja schließlich auch kein Fleisch, also musste man überhaupt niemals auf die Jagd gehen.

Aber sie blieb still, damit ihre Mutter weitererzählte.

»Eine Sache ärgerte Jakob fürchterlich – dass sein Bruder Esau ein paar Minuten älter war als er. Damals war das nämlich so, dass der älteste Sohn nach dem Tod der Eltern alles bekam, alle Schafe, alle Esel, und der zweitälteste Sohn ging völlig leer aus. Und das gefiel Jakob überhaupt nicht. Nun war Jakob zwar ein paar Minuten jünger und außerdem auch weniger stark als sein Bruder, aber er war ganz bestimmt nicht doof. Und deshalb dachte er sich einen Trick aus. Eines Abends kochte er Esaus Lieblingsessen: Linsensuppe.«

»Das war sein Lieblingsessen?!?!« Johanna schüttelte sich.

»Damals gab es so schicke Sachen wie Nudeln eben noch nicht. Also, Jakob hatte Linsensuppe gekocht, und als Esau abends mit einem Riesenhunger nach Hause kam, wurde er noch hungriger, als er die leckere Suppe roch. Das Wasser lief ihm im Mund zusammen und er ging schnurstracks zu Jakob und seinem Topf. ›Ich hab Hunger, gib mir was ab.‹ – Das war nicht sehr höflich, aber wie gesagt, gute Freunde waren die beiden ja nun wirklich nicht. – ›Nö‹, antwortete Jakob, ›außer …‹ – ›Außer was‹, fragte Esau. ›Nun sag schon, Memme, sonst knabbre ich dich an, so hungrig bin ich.‹ – ›Außer, ich darf ab jetzt der Ältere sein.‹«

»Wie soll denn das gehen?«, fragte Johanna kopfschüttelnd.

»Was Jakob meinte, war, dass er ab jetzt die Rechte haben wollte, die eigentlich Esau zustanden, weil der zuerst geboren worden war. – ›Bist du aber albern‹, sagte Esau. ›Sterben müssen wir alle. Was willst du also mit den paar Minuten? Von mir aus, großer Bruder, sei, was du willst, Hauptsache, ich krieg was zu essen!‹ Aber Jakob hielt den Topf fest. ›Du musst schwören‹, sagte er und Esau, der wirklich nur etwas zu essen bekommen wollte, schwor. Und dann nahm er sich eine ganze Schüssel Linsensuppe und langte kräftig zu.«

»Ist es wirklich besser, das älteste Kind zu sein?« Johanna war sich da gar nicht so sicher. Sie hatte immer den Eindruck gehabt, dass es besser war, jünger zu sein. Kleinere Kinder durften auf

Mamas Schoß einschlafen, kleinere Kinder mussten niemals ihr Zimmer aufräumen, mussten niemals den Müll rausbringen, mussten keine Schularbeiten machen, mussten nicht vernünftig sein.

»Wie gesagt, das ältere Kind erbte nach dem Tod der Eltern alles und die jüngeren Kinder bekamen gar nichts. – Und außerdem – überleg mal«, fügte sie hinzu, weil sie ungefähr ahnte, woran ihre älteste Tochter dachte, »Matti muss schlafen, wenn du noch lesen darfst, Matti kann selbst keine Geschichten lesen, sondern muss immer warten, bis Papa oder ich Zeit dazu haben, Matti bekommt noch kein Taschengeld ... ich finde es eigentlich gar nicht schlecht, das älteste Kind zu sein.«

»Gut«, meinte Johanna nur halbwegs überzeugt, wie immer, wenn es um dieses Thema ging, »weiter.«

»Ein paar Jahre später wurde Isaak krank und es sah ganz danach aus, als würde er sterben. Vorher wollte er aber noch ein paar Sachen regeln und deshalb rief er Esau zu sich. Der war schließlich sein ältester Sohn und von dem Kuhhandel zwischen Esau und Jakob, Linsensuppe gegen Erstgeburtsrecht, wusste er nichts.

›Esau, Herzchen‹, sagte Isaak und hielt Esaus Hand. ›Ich sterbe bald, glaube ich.‹ – ›Nein, Papa, du wirst bestimmt 150 Jahre alt‹, sagte Esau, der seinen Vater sehr gerne mochte und so was gar nicht hören wollte. ›Sei nicht albern‹, antwortete Isaak, ›ich bin uralt und freu mich aufs Sterben. Ich bin blind, laufen kann ich nicht mehr und ich höre immer schlechter. Und im Himmel soll es sehr schön sein. Aber darüber will ich mit dir auch gar nicht reden. Es geht um dein Erbe. Du bist der Ältere und deshalb wirst du alles von mir erben. Lass dir nichts wegnehmen und kümmre dich gut um die Leute und um die Schafe und vor allen Dingen um deine Mutter. Und jetzt geh los, jage einen Steinbock und brate ihn mir, dann können wir zusammen essen und ich gebe dir meinen Segen.‹ Esau versprach alles und zog los in die Berge, um für seinen Vater einen Steinbock zu erlegen.«

»Aber ich denke, Jakob war jetzt der Ältere?«, fragte Johanna. »Eigentlich hätte der doch den Steinbock jagen müssen!«

»Das stimmt, aber Esau war anscheinend ein bisschen vergesslich. Ganz offensichtlich erinnerte er sich nicht mehr daran, dass er seinem Bruder Jakob das ganze Erbe versprochen hatte. Sein Bruder jedenfalls erinnerte sich noch sehr gut an das Geschäft mit Esau und dem Eintopf. Als Jakob und seine Mutter also mitbekamen, dass Isaak anscheinend im Sterben lag, setzten sie sich zusammen und machten einen Plan. Jakob war Rebekkas Liebling und deshalb wollte sie, genau wie Jakob, dass er alles erbte und nicht Esau. Rebekka briet eine Ziege und zwar so, dass sie ungefähr wie Steinbock schmeckte. Und Jakob wickelte sich kleine Felle um die Arme und zog Esaus bestes Gewand an.«

»Felle …«, wollte Johanna gerade beginnen, aber ihre Mutter winkte ab.

»Du erinnerst dich doch noch«, sagte sie, »dass Jakob ganz glatte und zarte Haut hatte, beinahe wie ein Mädchen, und dass Esau schon bei seiner Geburt unglaublich behaart gewesen war. Und weil Isaak ja nicht mehr sehen konnte, dachten sich Jakob und Rebekka, dass sie ihren Vater und Ehemann ganz einfach mit der Ziege und den Fellen reinlegen konnten. Und da dachten sie ganz richtig. Isaak bemerkte den Schwindel nicht, aß die Ziege und sagte sogar: ›Ach, Esau, das ist bestimmt der beste Steinbock, den ich je gegessen habe!‹, und strich dabei Jakob über den Arm. Jakob zitterte ein bisschen bei dem Gedanken, dass Isaak doch merken könnte, dass er sich einfach nur Pelzstückchen auf die Arme gebunden hatte und überhaupt nicht sein haariger Bruder Esau war. Aber er hätte nicht zittern müssen, Isaak bemerkte gar nichts, sondern schmatzte und war zufrieden. Und so segnete Isaak Jakob und übergab ihm alles, was ihm gehörte, machte die Augen zu und schlief ein. Man kann sich ja leicht ausrechnen, wie wütend Esau war, als er von der Jagd wiederkam und von dem Schwindel erfuhr … Sein Vater hatte den Falschen gesegnet, sein eigener Bruder hatte ihn um sein Erbe betrogen und seine eigene Mutter hatte dabei geholfen. Esau schrie und tobte und raufte sich die vielen Haare. Und Isaak war auch ziemlich wütend.«

»War denn der Segen so furchtbar wichtig? Konnte der Vater nicht einfach auch noch Esau segnen und ihm alles vererben?«

Frau Blume schüttelte den Kopf. »Nein. Es gab einen einzigen Segen, und den hatte Jakob bekommen. Esau ging leer aus, daran war nichts mehr zu rütteln.«

»Konnte Esau nicht zum Anwalt gehen?«, fragte Johanna und dachte an Onkel Edgar, Papas Bruder, der auch Anwalt war und manchmal Geschichten aus seiner Kanzlei erzählte.

»Bestimmt. Das Ganze nennt sich Erbschleicherei und Esau hätte einfach zu seinem Anwalt und zur Polizei gehen und seinen Bruder deswegen anzeigen können, wenn es damals schon Anwälte und Polizei gegeben hätte. Aber es gab weder Polizei noch Anwälte und so war Jakob also wirklich der Erbe. Esau war aber so wütend, dass Jakob und Rebekka ziemliche Angst bekamen. ›Goldjunge‹, sagte Rebekka deshalb zu Jakob, ›du solltest vielleicht erst mal nicht hier bleiben. Dein Bruder ist wirklich ärgerlich. Und das kann man ihm ja nicht einmal verdenken. Am besten packst du deine Sachen und verschwindest für einige Zeit. Mein Bruder, dein Onkel Laban, wohnt in Haran, da gehst du hin.‹ Und das tat Jakob. Am nächsten Morgen war er schon viel zu weit weg, als dass sein wütender Bruder ihn noch hätte finden können.«

Frau Blume schwieg.

»Das war's?« Johanna sah ihre Mutter empört an. »Jakob läuft weg und ist der Erbe und das war's?«

»Nein, das war's nicht«, antwortete ihre Mutter. »Aber Emma schläft und ich muss noch Wäsche waschen und um 5 kommt Edgar zum Kaffee. Morgen erzähl ich die Geschichte weiter, O. K.?«

Und mit einem Kuss auf Johannas Stirn stand sie auf und ging ins Haus.

»Haben die sich wieder gesehen? Hat Esau Jakob gehauen?«, rief sie ihrer Mutter hinterher.

»Ja, sie haben sich wieder gesehen, nein, er hat Jakob nicht gehauen. Ich erzähl es dir morgen, ja?«

Johanna versank in Überlegungen, was sie wohl täte, wenn Matti ihr das Erstgeburtsrecht klauen würde.

»Das dauert mir zu lange! Ich will es gleich wissen! Nur kurz, dann kannst du deine Wäsche machen und ich sag den ganzen Tag nichts mehr, ja?«

Nach ein paar Minuten kam Frau Blume ohne Emma auf dem Arm zurück. Stattdessen trug sie ein großes Wäschebündel mit Strampelanzügen, T-Shirts und Unterhosen vor sich her. »Gut, hör zu: Jakob zog wirklich zu seinem Onkel, und als er und Esau sich nach zwanzig Jahren wieder trafen, weil Jakob nämlich mit seiner Familie nach Hause zurückkehrte, schickte ihm Esau vierhundert Mann entgegen.«

»Warum kehrte er denn nach Hause zurück? Hatte er keine Angst mehr vor Esau?«

»Doch, schon, aber sein Onkel Laban hatte ihn ziemlich gemein hereingelegt, wie er fand, und deshalb wollte er lieber nach Hause zurückkehren, als noch weiter bei seinem Onkel zu bleiben. Aber natürlich hatte er Angst, Esau würde sich jetzt an ihm rächen. Stattdessen fiel Esau ihm aber um den Hals und wollte sich vertragen. Und das wollte Jakob auch.«

Johanna vermisste Gott in der Geschichte: »Und Gott?«

»Gott war wohl ganz zufrieden mit den beiden. Jedenfalls machte er aus den Nachkommen beider Brüder große Völker. Und jetzt muss ich die Wäsche waschen. Du kannst mir gerne helfen!«

Johanna überhörte die Aufforderung geflissentlich. »Und wie hat der Onkel ihn reingelegt?«

»Morgen«, rief die Mutter lachend aus dem Keller.

Jakob, Lea und Rahel

»Du wolltest mir erzählen, wie Jakob reingelegt wurde.« Johanna rieb sich verschlafen die Augen, als sie in die Küche kam und sich an den Tisch setzte. Ihre Mutter stellte die Schale mit dem Müsli auf Johannas Platz und seufzte.

»Ich hatte gehofft, du hättest das vergessen ...«, sagte sie. »Willst du Tee oder musst du gleich los?«, rief sie Johannas Vater zu, der im Kinderzimmer stand und Baby Emma wickelte.

»Eine Tasse nehm ich noch«, antwortete Herr Blume und warf Emmas Windel in den Windeleimer.

Johannas Mutter stellte den Wasserkocher an.

»Du hast es versprochen«, beharrte Johanna und löffelte Honig in ihr Schälchen.

»Ich weiß ... Jakob war also weggelaufen, so schnell ihn seine dünnen Beine trugen«, begann

ihre Mutter und setzte sich an den Frühstückstisch. »Er lief nach Haran zu seinem Onkel Laban. Gesehen hatte er diesen Laban noch nie.«

»Ich will auch eine Geschichte hören«, mischte Matti sich ein.

»Hör halt zu«, fuhr Johanna ihn an, »Mama erzählt doch gerade eine!«

»Ich will aber eine gruselige Geschichte mit einer Hexe!«

Frau Blume schüttelte den Kopf. »Ich hab Johanna versprochen, dass ich ihr die Geschichte zu Ende erzähle. Heute Nachmittag erzähle ich dir eine gruselige Geschichte von einer Hexe.«

»Heute?«

Johanna sah ihren Bruder unwillig an: »Hat sie doch gesagt! Heute Nachmittag! – Und warum hatte er diesen Onkel Laban noch nie gesehen?«

»Damals war das natürlich nicht so wie heute, dass alle Leute Telefone hatten und sich gegenseitig anrufen konnten und sich dauernd am Sonntag besuchten, und dass man wenigstens an Weihnachten seine ganze Familie zusammenhatte.«

»Weihnachten gab's doch noch gar nicht«, lachte Johanna über die Dummheit ihrer Mutter. Johannas Vater legte Emma in die Babywippe auf dem Fußboden, drückte ihr ihre Milchflasche in die Hand und setzte sich an den Tisch: »Matti, hör auf in deinem Essen rumzumanschen.«

Statt zu antworten warf Matti seinem Vater einen blitzenden Blick zu und fuhr fort mit strahlendem Lächeln seine Haferflocken mit Rosinen und Milch auf dem Küchentisch zu verteilen.

»Matti!!!«

»Weihnachten gab es noch nicht, als Jakob und Esau gelebt haben, stimmt's, Papa?«

Aber Johannas Mutter antwortete, bevor ihr

Vater einen Ton sagen konnte. Und er war ganz froh darüber, denn er war vollauf damit beschäftigt, Mattis klebrige Haferflockenpampe wegzuwischen.

»Natürlich nicht«, gab Mama zu. »Also, Jakob hatte seinen Onkel Laban noch niemals gesehen und fühlte sich nicht sehr wohl, weil er jetzt so vollkommen unangekündigt bei ihm vor der Tür stehen sollte. Was sagte man denn da? ›Hallo, Onkel, ich bin dein Neffe, außerdem hab ich meinen Bruder um sein Erbe betrogen. Freust du dich mich zu sehen?‹ Als er in die Nähe der Stadt kam, in der sein Onkel Laban wohnte, ging er immer langsamer und langsamer. Nicht nur, dass er sich vor der Begegnung mit seinem Onkel fürchtete, er war inzwischen auch schon richtig lange unterwegs und ziemlich erschöpft. Endlich kam er zu einem Brunnen und setzte sich hin, um sich auszuruhen. Er hätte auch gerne etwas Wasser getrunken, aber der Brunnen war mit einer riesigen Steinplatte abgedeckt. Und er war ja nicht besonders stark.«

»Esau war stark«, erinnerte sich Johanna.

»Genau, Esau war stark und Jakob konnte gut

kochen. Nach und nach kamen Hirten zusammen und brachten ihre Schafherden mit. Erst kam einer und wartete neben dem Brunnen, dann noch einer und noch einer und so weiter. Irgendwann hatte Jakob genug: ›Warum schiebt ihr denn nicht die Brunnenplatte zur Seite, damit eure Schafe trinken können? Ich hab auch Durst, übrigens!‹ – ›Die Platte ist viel zu groß und zu schwer‹, antwortete ein Hirte. ›Wir warten immer erst, bis alle zusammen sind, dann schieben wir gemeinsam.‹ – ›Aha‹, sagte Jakob und hatte das Gefühl, dass die Spucke in seinem Mund langsam zu Staub wurde, so durstig war er.«

»Gab es da denn keine Kakteen?«, wollte Johanna wissen, denn ihr Vater hatte ihr erklärt, dass man aus Kakteen Wasser gewinnen konnte, selbst in der Wüste.

Herr Blume lachte. »Nein«, sagte er, »da gab es keine Kakteen.«

Und ihre Mutter fuhr fort, während sie Matti entnervt den Löffel aus der Hand nahm und ihn fütterte: »Er hätte sich aber auch kaum für Pflanzen interessiert, denn in dem Moment kam ein

junges, hübsches Mädchen mit ihrer Herde zum Brunnen. ›Hallo!‹, rief Jakob und sprang auf, denn er war ein sehr höflicher junger Mann. – ›Hallo!‹, antwortete das Mädchen. – ›Ich bin Jakob, der Sohn von Isaak‹, sagte Jakob und lächelte sie an. – ›Und ich bin Rahel, die Tochter von Laban‹, antwortete das Mädchen. – ›Aber Laban ist mein Onkel!‹, rief Jakob und freute sich. Immerhin war jetzt schon mal sicher, dass er den Weg zu seinem Onkel nicht verfehlen konnte und dass es wenigstens eine Person gab, derentwegen es sich lohnte, den ganzen weiten Weg gemacht zu haben.«

»Hatte der sich in Rahel verliiiebt?«, fragte Johanna und verzog das Gesicht. Gestern hatte Konrad ihr Juckpulver in den Ausschnitt ihres T-Shirts gesteckt, und seitdem wollte sie von Jungs und Liebesgeschichten eigentlich nichts mehr hören.

Frau Blume nickte. »Und wie. So sehr, dass er einfach die große, schwere Steinplatte vom Brunnen schob, damit Rahels Schafe trinken konnten. Und danach nahm Rahel Jakob mit nach Hause und stellte ihn ihrer Familie vor.«

»War die auch verliebt?«, fragte Johanna zwischen zwei Löffeln Müsli und machte ein finsteres Gesicht. Konrad hatte ihr nicht nur Juckpulver ins T-Shirt gesteckt, er hatte sie auch ausgelacht, weil sie vor Wut angefangen hatte zu weinen.

»Ich glaube schon. Jedenfalls hatte sie nichts dagegen, dass Jakob nach ein paar Wochen zu ihrem Vater sagte, dass er sie gern heiraten würde. ›Ich will sieben Jahre lang für dich arbeiten, wenn du mir Rahel zur Frau gibst‹, sagte er. –

›Das ist in Ordnung‹, sagte Laban, ›das scheint mir ein fairer Preis.‹«

Johanna zog verwundert die Nase kraus und wollte wissen, wieso Jakob denn für seine Braut bezahlen sollte.

»Weil es zu dieser Zeit üblich war, dass der Bräutigam dem Vater der Braut Geld gab oder für ihn arbeitete, damit der Brautvater für seine Tochter, die Braut, schöne Kleider, Geschirr oder Möbel kaufen konnte«, erläuterte Frau Blume und schenkte Johannas Vater noch eine Tasse Tee ein.

»Ich muss los«, sagte der und nahm noch einen letzten Schluck. »Los, Matti, du kommst zu spät in den Kindergarten!«

Matti brummelte vor sich hin. »Ich will nicht immer in den Kindergarten«, sagte er und machte keinerlei Anstalten aufzustehen. »Jeden Tag soll ich in den Kindergarten. Ich will auch mal zu Hause bleiben!«

»Aber guck«, erklärte sein Vater freundlich, »ich muss arbeiten, Johanna geht gleich in die Schule, dann ist es hier zu Hause doch furchtbar langweilig!«

»Und Emma? Warum muss Emma nirgendwohin gehen?«, wollte Matti wissen.

»Weil Emma eben noch zu klein ist für den Kindergarten. Wenn Emma irgendwann mal laufen kann und Mama wieder in die Schule arbeiten geht, kommt Emma auch in den Kindergarten. Aber jetzt muss die Arme eben zu Hause bei Mama bleiben und darf nicht mit anderen Kindern spielen wie du.«

»Und ich muss bügeln«, verkündete Frau Blume mit unheilvollem Blick. Das gab den Ausschlag, denn bügeln fand Matti langweiliger als einen verregneten Sonntag im April. Er hob die Arme, damit sein Vater ihn hochheben konnte, und ließ sich winkend zur Tür hinaustragen.

»Und was war jetzt mit Jakob und Rahel?« Johanna interessierte sich nicht für die Sorgen ihres Bruders. Sie nahm noch einen Schluck Kakao. »Haben die geheiratet?«

»Erst mal nicht, erst mal musste Jakob ja seine sieben Jahre abarbeiten. Aber verliebt, wie er war, vergingen die sieben Jahre wie im Flug und schließlich war es so weit. Ein großes Fest wurde zur Feier der Hochzeit ausgerichtet. Jakob und

Rahel guckten einander die ganze Zeit über verliebt an und am Ende des Tages verschwand Jakob in seinem Zelt, um auf seine Frau zu warten. Als sie kam, war sie ganz verschleiert und sah sehr verführerisch aus. Sie machte gleich alle Kerzen aus, das hätte Jakob vielleicht verdächtig vorkommen können. Aber er war viel zu verliebt, um irgendwas verdächtig zu finden. Tja, und so kam es, dass jetzt Jakob, der seinen Bruder und seinen Vater beschummelt hatte, selber reingelegt wurde.«

»Wieso?«, fragte Johanna. »Ich denke, er wollte die gerne heiraten.«

»Ja, er wollte Rahel heiraten, keine Frage, nur, dass die Frau im Zelt nicht Rahel war, sondern deren ältere Schwester Lea, und die hatte er ganz und gar nicht heiraten wollen. Er mochte sie nicht einmal besonders und fand sie außerdem furchtbar hässlich.«

»Und wieso hat er nicht erkannt, dass das nicht Rahel war?« Johanna schüttelte missbilligend den Kopf. Sie fand diese Geschichte recht unglaubwürdig. Frauen kaufen und Schwestern verwechseln. Sie stellte sich vor, dass jemand sie und Emma verwechselte und verzog das Gesicht.

»Vielleicht hat Jakob nicht mit ihr geredet, vielleicht haben sie sich nur geküsst. Auf jeden Fall fiel es ihm nicht auf und so wachte er also am nächsten Morgen auf und war mit Lea verheiratet.«

»Nur weil er in einem Zelt mit ihr geschlafen hatte?« Johanna spuckte die Worte aus. Ihre Mutter wollte sie wohl für dumm verkaufen. Sie wusste genau, wie man heiratete. In einem weißen Kleid und in der Kirche und mit Blumenkindern und mit Musik. Sicherlich nicht, indem man zusammen zeltete!

»Engelchen, es tut mir Leid«, antwortete ihre Mutter, »aber du wolltest die Geschichte ja hören. Und so hat man damals eben geheiratet. Ein Mann durfte nicht einfach so mit einer Frau in einem Zelt schlafen, die nicht seine Ehefrau war. Jakob lief jedenfalls ganz wütend zu seinem Onkel Laban und beschwerte sich: ›Sag mal, ist das deine Art Abmachungen einzuhalten? Ich hab sieben Jahre lang geackert wie ein Ochse und jetzt so was!!!‹ – ›Bei uns ist es halt üblich, dass die ältere Schwester zuerst heiratet‹, antwortete sein Onkel. Jakob war völlig entgeistert: ›Du hast mich betrogen! Ich will Lea nicht, ich will Rahel!‹ – ›Pass auf, mein Junge‹, sagte Laban, ›ich liebe dich wie einen Sohn. Jetzt hast du Lea und in einer Woche geb ich dir Rahel noch dazu, wie klingt das? Allerdings musst du dafür natürlich noch einmal sieben Jahre arbeiten, denn sieben Jahre für zwei Ehefrauen, das erscheint mir ein bisschen wenig.‹ – ›Na ja, besser als nichts‹, sagte Jakob und ging zurück in sein Zelt.«

»Jetzt schwindelst du aber!«

»Das hab ich dir aber doch schon mal erzählt. Früher durften die Männer dort, wo Jakob lebte, mehr als eine Ehefrau haben.«

»Ich weiß!« Johanna schüttelte unwillig den Kopf. »Das meine ich doch gar nicht! Aber er hat einfach gesagt ›na gut‹ und noch mal sieben Jahre gearbeitet?!«

Sie schob ihr leeres Müslischälchen von sich und griff nach einer Kiwi.

»Jakob war wohl ziemlich realistisch. Lea wurde er nicht mehr los, das war ihm klar. Und Rahel konnte er ohne die Einwilligung ihres Vaters niemals heiraten, das war ihm genauso klar. Was sollte er sich also weiter mit Laban rumstreiten?«

»Und Rahel? Warum hat die das mitgemacht? Die hätte Jakob doch vorher sagen können, dass ihr Vater ihn reinlegen wollte.«

Die Mutter zuckte die Schultern, wie immer, wenn sie selbst nicht sicher war, warum die Menschen in den Geschichten dies oder jenes taten. »Vielleicht, aber das hätte doch gar nichts geändert. Laban wollte seine älteste Tochter zuerst verheiraten, ganz egal, was Rahel davon hielt. Außerdem war Rahel eine gehorsame Tochter und kam wahrscheinlich noch nicht einmal auf die Idee Jakob zu warnen.«

»Ich würde mir das aber nicht gefallen lassen!«

»Das wäre ja auch noch schöner! – Also, nach einer Woche bekam Jakob Rahel zur Frau und hatte jetzt zwei Ehefrauen, aber so richtig glücklich war wohl keiner damit. Jakob mochte Lea immer noch nicht so besonders gern. Immerhin bekam er aber im Laufe der Zeit sechs Söhne und eine Tochter mit ihr. Und mit den Mägden von Lea und Rahel bekam er ebenfalls Kinder.«

»Mit den Mägden? Wieso mit den Mägden?« Johanna verlor langsam den Überblick. »Und sieben Kinder hatte der?«

»Noch mehr«, belehrte sie ihre Mutter. »Sieben mit Lea und zwei mit Rahels Magd und zwei mit Leas Magd. Also bis jetzt schon elf.«

»Und mit Rahel?«

»Mit Rahel lange Zeit nicht ein einziges. Deshalb war Rahel auch furchtbar unglücklich. Zum einen – wer mag schon seinen Ehemann teilen, noch dazu mit der eigenen Schwester, und außerdem konnte sie einfach keine Kinder bekommen. Sie wurde nicht schwanger, obwohl sie alle, alle Tricks versuchte.«

»Was für Tricks denn?« Spätestens seit Mattis Geburt wusste Johanna, wie Babys entstanden, aber von Tricks war nie die Rede gewesen.

»Sie aß zum Beispiel Liebesäpfel – das ist so eine Art Beere, von der man damals glaubte, sie würde fruchtbar machen.«

»Und das funktioniert?«

Ihre Mutter schüttelte den Kopf. »Nein, in Wirklichkeit war die wohl eher ein mildes Betäubungsmittel als eine Zauberpflanze, aber die

Menschen glaubten eben daran. Wie dem auch sei, keiner der Tricks, die Rahel ausprobierte, funktionierte. Aber sie wurde trotzdem irgendwann schwanger, wenn auch erst nach vielen, vielen Jahren.«

»Dann haben die Tricks aber doch funktioniert!«

»Nein, die Tricks hatte sie zu dieser Zeit schon aufgegeben. Und die Hoffnung auch. Aber dann bekam sie endlich doch ein Kind, einen Sohn, und den nannte sie Josef. Und Jakob freute sich wie verrückt über Josef, weil er das erste Kind war, das er mit Rahel hatte.«

»Zwölf Kinder!«

»Und später kam noch eines hinzu. Das war damals gar nicht unüblich. Je mehr Kinder einer hatte, desto angesehener war er.« Und sie stand auf, um den Tisch abzuräumen. Dabei stieß sie mit dem Fuß gegen die Babywippe und Emma erwachte mit lautem Geheul. Frau Blume bückte sich und versuchte das Baby wieder zu beruhigen. Johanna stellte die Milch in den Kühlschrank, stapelte die Schälchen neben der Spüle aufeinander und schnappte sich ihre Tasche.

»Ich finde, drei Kinder sind genug, oder?«

Ihre Mutter nickte.

»Tschüss«, rief sie und ihre Mutter winkte ihr hinterher, während sie Emma ein Schlaflied ins Ohr summte.

Josef und seine Brüder

Johanna lag auf ihrem Bett und weinte. Ratlos stand ihr Vater daneben, Baby Emma auf dem Arm. Matti hielt sich am Bein seines Vaters fest.

»Warum weint Hanna?«, erkundigte er sich und schaute zu seinem Vater hoch.

Herr Blume machte ein ratloses Gesicht. »Ja, Johanna, warum weinst du eigentlich?«

Johanna schluchzte. »Es ist soo mies!«, schrie sie in ihr Kopfkissen.

In diesem Augenblick betrat Frau Blume das Zimmer. »Was ist denn hier los?«, wollte sie wissen. Sie hatte im Wohnzimmer gesessen und gelesen und war schließlich mit der Zeitschrift in der Hand eingeschlafen. Der Lärm, den Johanna veranstaltete, hatte sie geweckt. Sie sah noch immer ein wenig zerknautscht aus.

»Hanna weint«, wiederholte Matti.

»Das seh ich«, entgegnete seine Mutter, »aber warum weint sie denn?«

»Papa ...«, schluchzte Johanna. »Er hat versprochen ... wir wollten Waffeln essen ... neuer Pullover ... und dann ... und dann! Matti ist soo blöd!« Dabei trat sie mit dem Fuß heftig in Mattis Richtung, ohne ihn jedoch zu treffen. Ihr Bruder brachte sich vorsichtshalber hinter dem Bein seines Vaters in Sicherheit.

Frau Blume schüttelte den Kopf: »Ich versteh kein Wort.«

Dafür verstand ihr Mann endlich, worum es ging. »Ich weiß«, sagte er. »Johanna, Matti, Emma und ich wollten erst bei Huttinger Waffeln essen gehen und danach einen neuen Pullover für Johanna besorgen, aber dann war Matti so müde, dass ich mit den Kindern wieder nach Hause gegangen bin. Ich dachte«, wandte er sich an Johanna, »wir hätten das geklärt – du hast doch gesagt, es ist in Ordnung!«

»Da hab ich mich eben geirrt!« Johanna setzte sich auf und funkelte Matti wütend an. »Immer machen wir, was der Blödi will! Der verdirbt mir alles! Du magst Matti sowieso viel lieber als mich!« Von Selbstmitleid überwältigt ließ sie sich wieder auf ihr Kissen fallen.

Ihre Mutter setzte sich auf den Bettrand und streichelte Johanna über den Kopf.

»Das ist natürlich Blödsinn«, sagte sie, »wir mögen dich ganz genauso gern wie Matti und wie Emma. Aber mir fällt da eine Geschichte ein …«

»Dir fällt ja immer eine Geschichte ein«, brummte Johanna und sah ihre Mutter aufmerksam an. Die war glücklicherweise nicht in der Stimmung auf Johannas Stichelei einzugehen und begann zu erzählen.

»Du erinnerst dich doch noch an Jakob und an seine vielen Kinder. Josef war das erste Kind mit seiner Lieblingsfrau Rahel und er liebte ihn mehr als alle anderen Kinder zusammen. Das fanden seine anderen Kinder natürlich nicht schön. Zumal Josef kein besonders netter Bruder war. Im Gegenteil, er war furchtbar eingebildet und darüber hinaus war er eine ziemliche Petze. Wenn einer seiner Brüder sich nicht ordentlich um die Schafe kümmerte, Josef rannte sofort zu seinem Vater und petzte. Wenn einer vergaß, den

Vorhang zum Zelt ordentlich zuzumachen, sodass die Fliegen reinkamen, Josef rannte zu seinem Vater und petzte. Wenn einer heimlich am Freitag schon Samstagsessen naschte, Josef rannte zu seinem Vater und petzte.«

»I, eklig!«, rief Johanna. Das musste man Matti lassen, eine Petze war er nicht.

»Eine elende Schleimschlange nannte ihn sein Bruder Dan, und Juda, ein anderer Bruder, behauptete, Josef sei nichts als ein widerlicher Wurm. Ihr Vater Jakob machte die Situation übrigens noch schlimmer. Nicht nur, dass er Josef immer neben sich sitzen ließ, wenn die ganze Familie sich zum Abendbrot hinsetzte, er machte ihm auch dauernd riesige Geschenke, sodass seine Geschwister einfach neidisch werden mussten.«

»Ja, Matti kriegt auch immer Eis und Süßkram und ich krieg nie was.« Johanna schniefte und ihr Vater machte ein beleidigtes Gesicht.

»Eines Tages zum Beispiel kamen Josefs Brüder vom Schafehüten nach Hause. Levi ging als Erster ins Schlafzelt, weil er ziemlich müde war. Und in dem Schlafzelt lag ein so wunderwunderschönes Gewand, wie er es in seinem ganzen Leben noch nicht gesehen hatte. Hellgelb mit grünen und roten Borten am Ausschnitt und an den Ärmeln. Außerdem waren blaue Sterne draufgestickt.«

»So wie das Kleid von einem Engel?«, fragte Johanna träumerisch.

»So ähnlich«, gab ihre Mutter zu. »Levi rief seine Brüder herein und sie bestaunten das schöne Gewand. ›Für wen das wohl ist ...‹, flüsterte Benjamin. – ›Bestimmt für mich!‹ Josef strahlte über das ganze Gesicht. – ›Kann doch nicht immer alles für dich sein, Stinkmorchel‹, schimpfte sein Bruder Sebulon. – ›Natürlich ist das für Josef‹, sagte Jakob, der in diesem Moment ins Zelt kam. – ›Sag ich ja‹, rief Josef triumphierend und riss das Gewand an sich. Und von diesem Tag an war er noch unausstehlicher als sonst. Wie ein Pfau stolzierte er vor dem Zelt auf und ab und gab mit seinem neuen Gewand an und brachte seine Brüder damit zur Weißglut. – Ein paar Tage später schickte Jakob Josef los, um nach seinen Brüdern zu sehen, die mit den Schafen auf einem ziemlich weit entfernten Weideplatz waren. Josef zog sein schickes Gewand mit den Sternen an und ging los. Jakob wartete und wartete und wartete, dass Josef wiederkam. Aber der kam nicht. Und die anderen kamen auch nicht. Nicht an diesem Tag und nicht am nächsten und am übernächsten auch nicht. Endlich, nach vielen Tagen, kamen wenigstens zwei seiner Söhne zurück: Dan und Naftali. Jakob lief ihnen entgegen und winkte ganz aufgeregt: ›Wo bleibt ihr denn so lange?!? Ich hab mir Sorgen gemacht! Wo ist Josef und wo sind die anderen und wo sind die Schafe?‹ – Die beiden guckten ziemlich verlegen auf ihre eigenen Fußspitzen und antworteten erst mal gar nichts. Stattdessen drückten sie Jakob ein kleines Bündel in die Hand – Josefs schickes Gewand. Und auf dem schicken Gewand waren lauter Blutflecken. ›Das haben wir gefunden‹, sagte Naftali. ›Ein wildes, gefährliches Tier muss Josef gefressen haben.‹«

»Hat das Tier den wirklich gefressen?«, fragte Johanna verblüfft. Diese Wendung der Geschichte überraschte sie.

»Nein«, antwortete ihre Mutter. »Aber gut ging es ihm trotzdem nicht. Er war zu seinen

Brüdern gekommen und hatte sie so geärgert und hatte so mit seinem neuen Gewand angegeben, dass die ihn vor lauter Wut in einen Brunnen geworfen hatten. Und als an demselben Nachmittag eine Karawane vorbeikam, die nach Ägypten ziehen wollte, hatten sie ihren Bruder einfach verkauft.«

»Man kann Menschen doch nicht verkaufen!« Johanna war so empört, dass sie gar nicht mehr an ihren Streit mit Matti und mit Papa dachte.

»Nein, heute geht das nicht mehr.« Ihre Mutter schüttelte den Kopf. »Aber damals ging das sehr wohl. Da verkaufte man Menschen genau so wie Kühe, Schafe oder Kürbisse. Diese verkauften Menschen nannte man Sklaven, und die Sklaven mussten für ihren Besitzer arbeiten.«

»Das ist ja mies! – Und wie ging es dann mit der Geschichte weiter?«, wollte Johanna wissen und bekam plötzlich Mitleid mit dem angeberischen Josef.

»Als die Karawane in Ägypten ankam, verkauften ihn die Männer an Potifar, den Obersten der Leibwache des Pharaos. An den obersten Polizisten des Kaiserhofes, sozusagen.«

»Der Ärmste! Und sein Vater? Warum ist Josef denn nicht einfach nach Hause gelaufen und hat seinem Vater alles erzählt?«

»Weil Sklaven nicht einfach so weglaufen durften. Außerdem hatte Josef sich überlegt, dass seine Brüder inzwischen bestimmt ein ganz schlechtes Gewissen hatten, und das, fand er, geschah ihnen recht. Sollten sie doch noch ein bisschen schmoren.«

Das sah Johanna ein. »Aber«, fragte sie noch einmal, »hat der seinen Papa denn wirklich nie mehr wieder gesehen?«

»Sei doch mal nicht so ungeduldig! Wenn du mich dauernd unterbrichst, werde ich nie fertig mit der Geschichte!« Frau Blume stand auf, um Emma zu übernehmen, die auf dem Arm ihres Vaters herumzappelte. Frau Blume ging im Zimmer mit ihr auf und ab, während Emma merkwürdige, kleine Geräusche von sich gab und sehr zufrieden aussah. Matti war zu seiner Schwester aufs Bett geklettert und streckte seine Beine unter ihre Decke. Zuerst sah er noch ein bisschen schüchtern aus, dann kuschelte er sich gemütlich an Johannas Arm.

»Doch, natürlich hat er seinen Vater wieder gesehen. Und seine Brüder auch: Josef lebte eine ganze Weile bei Potifar, um genau zu sein, bis Frau Potifar ihn bei ihrem Mann anschwärzte und Josef sich plötzlich im Gefängnis wieder fand.«

»Was hat Frau Potifar denn gesagt?«, fragte Matti, der der Geschichte ebenso interessiert lauschte wie seine große Schwester.

»Sie hat Lügen über Josef erzählt und weil sie die Frau des obersten Leibwächters war und Josef nur ein Sklave, hat man ihr geglaubt und ihm nicht. In jedem Fall kam Josef aus dem Gefängnis erst wieder heraus, als der Pharao selbst ihn holen ließ, weil er gehört hatte, dass Josef ein berühmter ausländischer Traumdeuter sei. Es war nämlich so, dass der Pharao zwei merkwürdige Träume gehabt hatte, die er sich nicht erklären konnte.«

»Wieso hat der Pharao denn geglaubt, dass Josef Traumdeuter war?«, hakte Johanna nach.

»Weil Josef im Gefängnis ein paar Träume gedeutet und der Pharao das erfahren hatte. Und nun stand Josef vor dem Pharao und hörte sich die Träume an. ›Mir träumte‹, sagte der Pharao mit hoher, dünner Stimme, ›ich sähe sieben fette und schöne Kühe aus dem Fluss steigen und sie weideten am Ufer. Das gefiel mir über die Maßen gut.‹ – So redete der Pharao eben«, behauptete Frau Blume, als sie die fragenden Gesichter ihrer Kinder sah. »Das war schließlich ein vornehmer Mann, müsst ihr wissen. Und der Pharao redete weiter: ›Aber dann folgten ihnen sieben dürre und hässliche Kühe und die fraßen die schönen Kühe vor meinen Augen auf. Das ekelte mich. Und mir träumte: Ein Halm stand auf dem Feld und er trug sieben goldene, kräftige Ähren, prächtig anzusehen. Aber es kamen sieben dürre, vom Ostwind versengte Ähren und die verschlangen die sieben prächtigen Ähren. Nun, keiner meiner gelehrten Berater kann mir helfen, weiser Mann, kannst du meine Träume deuten?‹«

»Was ich nicht verstehe«, fing Johanna erneut an, »wozu brauchte der denn überhaupt einen Traumdeuter?«

»Weil man damals eben glaubte, dass Träume eine besondere Bedeutung hätten. Und deshalb lebten an den Höfen der Könige eben weise Männer, die genau wussten, was es zu bedeuten hatte, wenn jemand von einer gelben Feder, von einem dicken Schwein oder von einem hohen Berg träumte.«

Johanna fand das ein bisschen albern. Wenn sie von Pferden träumte, dann wusste sie, warum – weil sie sich ein Pony wünschte.

»Josef jedenfalls sagte zu dem Pharao, dass er selbst keine Träume deuten könne, dass Gott ihm aber sicherlich helfen würde. Der Pharao war zunächst sehr misstrauisch, weil er von Josefs Gott noch nie etwas gehört hatte, aber als Josef ihm dann seine Träume erklärte, klang das sehr vernünftig.«

»Was hat Josef denn erklärt?«, fragte Matti und seine Schwester stupste ihn unsanft in die Seite. »Das will Mama doch gerade erzählen«, zischte sie, »sei doch still!«

»Genau, das wollte ich eben erzählen. Josef erklärte, dass die Träume von Gott kamen und beide dasselbe bedeuteten. Die sieben fetten Kühe und die sieben schönen Ähren standen für sieben gute Jahre mit reichen Ernten, und die sieben dürren Kühe und die sieben versengten Ähren standen für sieben magere Jahre mit Missernten, die auf die sieben fetten Jahre folgen würden. Und der Pharao, meinte Josef, sollte sich lieber auf die mageren Jahre vorbereiten. ›Aber wie soll das wohl gehen?‹, wollte der Pharao wissen. ›Wenn sieben schlechte Jahre kommen, kommen sie eben, oder?‹, und er sah sich um. Seine Berater nickten, aber Josef schüttelte den Kopf und erklärte, dass der Pharao einen Verwalter einstellen sollte und Kornspeicher mit Getreide anlegen, solange die Ernten gut waren. Aus diesen Kornspeichern konnte man dann in den sieben mageren Jahren die eingelagerten Lebensmittel holen, ohne hungern zu müssen.«

»Aber was ist denn mit seiner Familie? Du wolltest von Josefs Vater und von seinen Brüdern erzählen. Ich denke, er hat seine Familie wieder gesehen!«

»Hat er ja auch. Der Pharao war nämlich so begeistert von Josefs Vorschlägen, dass er ihn zum Verwalter machte und damit zum zweitwichtigsten Mann von Ägypten. Und als nun die Hungersnot kam mit all ihren Missernten, da kamen die Leute von weit her, um bei Josef Getreide zu kaufen. Und rate, wer ebenfalls kam, um einzukaufen?«

»Seine Brüder«, antwortete Johanna und ihre Mutter nickte.

»Seine Brüder«, wiederholte sie. »Allerdings ohne Benjamin, den hatten sie bei ihrem Vater gelassen, weil Jakob so furchtbar unglücklich war, dass er seinen Lieblingssohn Josef verloren hatte, und unmöglich riskieren wollte, auch noch Benjamin auf der gefährlichen Reise nach Ägypten zu verlieren.«

»Und was haben die Brüder gesagt, als sie Josef da wieder getroffen haben? Und hat Josef ihnen etwas zu essen verkauft? Oder hat er sie ins Gefängnis geworfen? Ich hätte sie ins Gefängnis geworfen, glaube ich.« Johanna sah plötzlich ziemlich rachsüchtig aus, aber ihre Mutter schüttelte den Kopf.

»Wenn er seine Brüder ins Gefängnis geworfen hätte, wären sein Vater und sein Bruder Benjamin sicher verhungert, und das wollte er nicht. Außerdem war er nicht mehr wütend auf seine Brüder. Wenn die ihn nicht in den Brunnen geworfen hätten, wäre er nicht nach Ägypten gekommen, hätte niemals die Träume des Pharaos gedeutet, wäre nicht Verwalter der Kornspeicher geworden und hätte niemals all die hunderte und tausende Menschen vor dem Verhungern retten können. Nein, er dachte sich etwas anderes aus. Er behauptete, seine Brüder, die ihn übrigens nicht erkannten, für ausländische Spione zu halten.«

»Und warum?«

»Weil er Benjamin wieder sehen wollte. ›Wenn es stimmt, was ihr sagt‹, meinte er, ›dass ihr ehrbare Söhne eines ehrbaren Vaters seid und dass ihr noch einen kleinen Bruder zu Hause zurückgelassen habt, dann geht los und holt den kleinen

Bruder, dann glaube ich euch vielleicht.‹ Die Brüder hatten ihm nämlich von Benjamin erzählt und auch von Josef, den sie tot glaubten. Zur Sicherheit behielt er einen von ihnen da und ließ die anderen losziehen, um Benjamin zu holen.«

»Und als Benjamin kam, hat er ihnen da endlich gesagt, dass er Josef war?« Johanna war ungeduldiger als Josef, das merkte man.

»Nein, immer noch nicht. Er lud seine Brüder zu sich nach Hause ein und versuchte herauszufinden, ob es ihnen Leid tat, dass ihr Bruder Josef nicht mehr lebte. Ja«, antwortete sie auf Johannas fragenden Blick, »es tat ihnen schrecklich Leid. Aber er ließ seine Brüder noch eine ganze Weile zappeln, bevor er ihnen verriet, wer er war. Und als der Pharao erfuhr, was sich da abspielte, kam er herbeigelaufen und freute sich mit Josef und seinen Brüdern, denn er war ein fröhlicher Pharao und immer froh, wenn es eine Gelegenheit zum Feiern gab. Und er ließ Jakob holen und alle zusammen feierten sie ein riesiges Fest mit Tanz und Gesang und vielen guten Sachen aus Josefs Vorratsspeichern.«

»Und jetzt«, schlug Herr Blume vor, »gehen

wir beide einen Pullover für dich kaufen und Matti und Emma bleiben zu Hause bei Mama, was hältst du davon?«

Aber das, fand Johanna, war eine so dumme Frage, dass sie gar nicht darauf antwortete. Sie lief hinaus in die Diele, um sich ihre Schuhe wieder anzuziehen.

»Kommst du?«, rief sie von draußen und Herr Blume gab Frau Blume einen Abschiedskuss.

Noomi und Ruf

»Mama, sag mal ...« Johannas Stimme hatte diesen »Mir-ist-so-langweilig-erzähl-mir-was«-Ton, der ihre Mutter manchmal beinahe wahnsinnig machte.

»Was denn?«, fragte sie deshalb mit misstrauischem Gesicht, während sie Baby Emmas Po sauber wischte.

»Erzählst du mir eine Geschichte?«

»Von mir aus ...« Frau Blume überlegte. »Kennst du schon die Geschichte von Noah?« Johanna nickte. »Und die von Jakob und Esau?«

»Kenn ich schon, kenn ich schon, kenn ich schon. Sag mal, Mama, stehen in der Bibel denn nur Geschichten über Männer?«

Frau Blume runzelte die Stirn. »Nein, nicht nur«, antwortete sie dann, »aber du hast Recht, die meisten Geschichten handeln von Männern.

Pass auf, jetzt erzähl ich dir eine Geschichte, die gleich von zwei Frauen handelt.« Sie trug Emma hinunter in die Küche und setzte sie in den Babystuhl. Seit einer guten Woche konnte Emma allein sitzen und es war ihr größtes Vergnügen, in der Küche am Tisch zu sitzen und sich Butterkekse in den Mund zu schieben, während ihre Eltern kochten, Geschirr in den Geschirrspüler räumten oder Zeitung lasen. Frau Blume wusch sich die Hände am Spülbecken und setzte sich dann mit einem Korb voll grüner Bohnen an den Küchentisch. Während sie erzählte, begann sie die Bohnen zu säubern und die langen, weißen Fäden auf einem Stück Zeitungspapier zu sammeln. Emma griff mit beiden Händen in die Schale mit den Keksen und juchzte.

»Es war einmal eine Frau, die hieß Noomi. Noomi wohnte in Betlehem in Israel. Sie hatte ein kleines Haus, einen Mann und zwei Söhne. Der Mann war Bauer und aus dem Korn, das er erntete, machte Noomi Brot. Sie hatten also immer was zu essen.«

»Nicht sehr spannend«, warf Johanna ein und machte schon wieder ein gelangweiltes Gesicht.

»Jetzt warte doch mal! Irgendwann kam ein Sommer, der war so heiß, wie wir uns das hier gar nicht vorstellen können. In diesem heißen Sommer ist alles auf den Feldern vertrocknet. Und wenn die Felder vertrocknet sind, gibt es kein Korn, um es nach Hause zu bringen, gibt es kein Mehl aus dem Korn, gibt es kein Brot, gibt es nichts zu essen. Also sagte Noomi: ›Jungs, lieber Mann, wir packen, wir müssen hier weg, irgendwohin, wo es nicht ganz so heiß ist und wo es was zu essen für uns gibt.‹ Und dann packten sie und gingen los.«

»Zu Fuß? Ich denke, es war so heiß. Hatten die nicht einmal eine Kutsche oder so etwas?«, unterbrach Johanna.

»Früher sind die Menschen viel mehr umhergezogen als heute. Es gibt ganze Landkarten, auf denen man sehen kann, wo die Völker wann von einem Ort zum anderen wanderten. Und es gibt Leute, die beschäftigen sich nur damit, herauszufinden, warum die Leute wohl hierhin und dorthin gezogen sind.«

»Wie will man denn heute noch wissen, wer vor so langer Zeit wo langgegangen ist?«

»Wenn man so rumreist, lässt man am Wegrand durchaus mal dieses oder jenes liegen, das machen die Leute ja heute noch genauso. – Leider«, fügte Frau Blume hinzu. »Und die Sachen kann man heute noch finden. Die Leute, die nichts anderes machen, als Tonscherben zu suchen und zu überlegen, wo die wohl herkommen könnten, nennt man Archäologen. Und anhand dieser Tonscherben oder Steinmesser können sie dann eben sagen, aha, hier waren die Hethiter, denn das ist ein hethitischer Tonkrug, hier die Sumerer, denn dieses Messer ist eindeutig ein sumerisches Messer, und so weiter. – Aber ich wollte ja von Noomi und ihrer Familie erzählen. Sie liefen, bis sie in ein Land kamen, in dem es genug zu essen gab. Es war hier weniger heiß als zu Hause in Israel und sie hätten wieder glücklich und zufrieden leben können, aber Noomis Mann war von der langen Reise und vom Hungern so krank geworden, dass er starb. Und da saß Noomi jetzt in dem fremden Land mit ihren beiden Söhnen und musste zusehen, wie sie zurechtkam. Ihre Söhne waren zum Glück jung und kräftig und konnten arbeiten gehen und Essen für sich und für ihre Mutter kaufen. Und sie waren außerdem hübsch und nett und so lernten sie zwei junge Frauen kennen, Orpa und Rut. Sie heirateten die beiden und jetzt sah es wirklich so aus, als ob für Noomi alles gut werden könnte. Zwar war die Heirat mit den beiden jungen Frauen nicht ganz das, was Noomi sich gewünscht hatte, weil sie beide nämlich nicht an denselben Gott glaubten wie Noomi und ihre Söhne … Noomi bemühte sich jedenfalls, den beiden Frauen alles über ihren Gott und über ihre Gesetze zu erzählen, und zumindest bei Rut war sie so erfolgreich, dass Rut beschloss, an denselben Gott zu glauben wie ihre Schwiegermutter.«

»Und so wurde doch noch alles gut«, vollendete Johanna die Geschichte, aber ihre Mutter schüttelte heftig den Kopf.

»Im Gegenteil! Die beiden Söhne starben. Das war zu viel für die arme Noomi. ›Ich geh zurück nach Betlehem‹, sagte sie zu Rut und Orpa. ›Da gibt es nicht viel zu essen, aber das hier ist ja eine reine Unglücksgegend!‹ Und sie packte ihre Sachen und ging los. Sie war aber noch gar nicht weit gelaufen, da hörte sie hinter sich schnelle Schritte, und als sie sich umdrehte, sah sie Rut, die hinter ihr herrannte. – ›Ich lass dich nicht alleine‹, sagte sie zu Noomi, ›ich will mitkommen.‹ Noomi versuchte Rut zu überreden, dazubleiben und zu ihren Eltern zurückzugehen. In Israel, meinte sie, gäbe es nicht genug zu essen und sie, Noomi, könne auch gar nicht für Rut sorgen, aber Rut blieb bei ihrem Entschluss. ›Ich geh dahin, wo du hingehst‹, sagte sie und eigentlich freute Noomi sich sehr, denn schließlich ist ja niemand gern alleine, und dann gingen sie zusammen weiter. Als sie ankamen, man will es gar nicht glauben, stand das Haus von Noomi und ihrem Mann noch an seinem alten Platz und war völlig unversehrt. Die Tür funktionierte noch, im Haus standen noch Tische und Stühle und auch sonst alles. In der ganzen langen Zeit war niemand hergekommen, um was kaputtzumachen. Und das ist ja wirklich beinahe ein Wunder. Noomi und Rut zogen also zusammen ein. Weil man ja auch noch etwas zu essen braucht, ging Rut los, um etwas für sich und für ihre Schwiegermutter Noomi zu besorgen. Auf dem alten Feld von Noomis Mann hatte niemand was gepflanzt und deshalb wuchs da nichts als Unkraut und auf Löwenzahn hatten Noomi und Rut irgendwie beide keine Lust.«

Das konnte Johanna nur zu gut verstehen, Löwenzahnsalat mochte sie auch nicht.

»Es gab aber auch andere Felder, auf denen ganz viel wuchs. Eines dieser Felder gehörte einem Mann, der hieß Boas.«

»Eine Schlange?!« Johanna war sich nicht sicher, ob sie vielleicht einen Teil der Geschichte verpasst hatte.

»Nein, nicht Boa, sondern Boas. So wie ganz viele Schlangen. So hieß der Mann. Rut ging zu dem Feld von Boas. Boas war ziemlich reich. Und weil er außerdem nett war, sagte er zu Rut: ›Alles, was hier so rumliegt, kannst du aufsammeln. Ihr zwei esst ja wohl nicht so viel, dass ihr mich arm macht. Sammle du nur und nimm es mit zu Noomi, die konnte ich schon immer gut leiden.‹ Rut freute sich und sammelte und sammelte den ganzen Tag lang und abends kam sie zu Noomi und hatte so viel Korn gesammelt, dass sie es kaum tragen konnte.«

Johanna holte aus dem Küchenschrank eine Kanne mit Saft und stellte für sich und ihre Mutter Gläser auf den Tisch. Frau Blume schob den Korb mit den Bohnen von sich. Sie war dankbar für die Ablenkung, denn so gern sie Bohnensalat aß, so sehr verabscheute sie es, die Bohnen zu säubern und ordentlich die dünnen, weißen Fäden aus jeder einzelnen Bohne zu entfernen. Sie nahm einen großen Schluck Saft.

»Noomi schlug die Hände vor dem Gesicht zusammen: ›Nein aber auch! Wo hast du das denn gefunden? Da haben wir ja für Wochen genug zu essen, nein, wie schön!!‹ – ›Boas hat mich sammeln lassen, ist das nicht nett?‹, fragte Rut. ›Nett, jaaa‹, sagte Noomi und lachte. ›Denk doch mal nach, Rut. Boas ist ein Mann und du bist eine junge Frau und hübsch noch dazu. Natürlich lässt er dich gerne auf sein Feld …‹ – Immer wenn das Korn alle war, ging Rut wieder zu Boas aufs Feld, um Korn zu sammeln.

Eines Tages nahm Rut all ihren Mut zusammen und sagte Boas, wie sehr sie ihn mochte. Genau das hatte ihre Schwiegermutter ihr nämlich geraten und das tat sie jetzt. Sie sagte Boas, dass sie ihn sehr gern hatte, und er sagte, dass er sie auch mochte. Schon am nächsten Tag in der Mittagspause auf dem Feld fragte er sie dann, ob sie ihn heiraten wollte. Und sie küssten sich und hielten einander an der Hand und waren sehr froh. Boas und Rut lebten noch lange glücklich und zufrieden mit Noomi und sie bekamen viele Kinder und eines dieser Kinder bekam wieder ein Kind und dieses Kind bekam auch ein Kind und das Kind hieß David. Und das ist der David, der gegen den Riesen Goliat gekämpft hat«, endete die Mutter.

»Dann war …«, Johanna rechnete mit den Fingern, »dann war Rut die Uroma von David?«
»Ja«, antwortete Mama, »das war sie wohl.«
»Erzählst du mir die Geschichte von David und

Goliat?«, fragte Johanna und sah ihre Mutter bittend an.

»Ein anderes Mal«, antwortete die, »jetzt muss ich erst mal diese blöden Bohnen pulen.«

Und sie warf einen wütenden Blick auf die unschuldigen Bohnen auf dem Küchentisch.

»Ich helf dir«, sagte Johanna und sie machten sich gemeinsam an die Arbeit.

Die Deutsche Bibliothek – CIP-Einheitsaufnahme
Ein Titeldatensatz für diese Publikation ist bei
Der Deutschen Bibliothek erhältlich

Sommersberg, Jule:
Adam, Eva und ein Boot voller Tiere
ISBN 3 522 30015 7

Einband- und Innenillustrationen: Heribert Schulmeyer
Einbandtypografie: Michael Kimmerle
Texttypografie: Marlis Killermann
Satz: KCS GmbH, Buchholz/Hamburg
Schrift: Aldus roman und Airstream
Reproduktion: immedia 23, Stuttgart
Druck und Bindung: Friedrich Pustet in Regensburg

5 4 3 2 1* 02 03 04 05